L. WEBER

Marie Paret

Tertiaire Dominicaine

UNE FEMME D'ŒUVRES AU XVIIe SIÈCLE

En dépôt aux Bureaux de la *Couronne de Marie*

104, Rue Bugeaud, LYON

1926

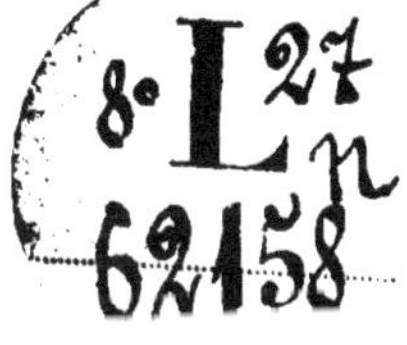

MARIE PARET

Nihil obstat :

Lugduni, die 22ª julii 1925.

Fr. RENATUS HEDDE

O. P.

Censor. design.

Imprimatur :

Lugduni, die 24 jul. 1925.

† JOANNES,

Ep. Had. Aux. Lugd.

L. WEBER

Marie Paret

Tertiaire Dominicaine

UNE FEMME D'ŒUVRES
AU XVIIe SIÈCLE

EN DÉPOT AUX BUREAUX DE LA "COURONNE DE MARIE"
104, RUE BUGEAUD, LYON

1926

AU RÉVÉREND PÈRE RUGE

qui le premier m'a fait connaître l'existence
de Marie Paret

AVANT-PROPOS

Brève est cette courte vie que nous présentons au lecteur ; peu nombreuses les sources de son histoire.

Quatre ans seulement après la mort de Marie Paret, le R. P. Guillouzou, son confesseur et directeur, retraçait, pour l'édification des chrétiens de son temps, les actes et les vertus de cette clermontoise qui, malgré ses humbles apparences et son amour de la vie cachée, avait acquis la vénération de toute la ville.

A son récit personnel il joignait des fragments de lettres écrites par Marie Paret à ses confesseurs, à des religieux et religieuses, à des personnes du monde, véritables cris d'âme, qui exprimaient la vie intérieure de cette âme.

Le petit livre du P. Guillouzou qui existe encore à la bibliothèque municipale de Clermont-Ferrand a été la principale de nos sources.

Nous avons précisé quand les documents d'archives nous l'ont permis ; nous avons modifié l'ordre de l'exposition, nous n'avons jamais ajouté ou transformé.

Le P. Guillouzou espérait faire suivre cette première publication d'un livre plus étendu pour lequel il recueillait de multiples dépositions de témoins autorisés. La mort le surprit avant que l'œuvre fût sur pied et la vie de Marie Paret ne resta connue que dans ses lignes générales.

Est-il téméraire de penser que, replacée dans son cadre, cette vie pauvre d'événements, mais riche de prière et de charité, peut encore avoir quelque intérêt pour des chrétiens du xxe siècle, épris d'apostolat ou de contemplation ?

L'accueil des lecteurs le dira.

L. W.

CHAPITRE Ier

Famille Paret-Pradettes. — Clermont au XVIIe siècle

Le 5 janvier 1636 naissait à Clermont en Auvergne, Marie Paret, fille de Jean Paret, garde de la prison, et de Claude Pradettes.

Elle fut baptisée le lendemain 6 janvier, jour de l'Epiphanie à Notre-Dame du Port, paroisse de ses parents : elle faisait son entrée dans la vie chrétienne sous le patronage des Rois Mages ; heureux présage d'une vie qu'elle emploiera à offrir à Dieu, comme les Rois Mages, la myrrhe de sa mortification, l'or de ses bonnes œuvres, l'encens de ses prières (1).

Les Paret n'étaient pas originaires de Clermont, mais de Gerzat, bourg situé entre Clermont et Riom. Là vivaient encore les parents de Jean Paret, cultivateurs ayant quelque bien. Jean Paret avait épousé la fille d'un garde du Palais de Clermont et exerçait cette même charge.

La famille Pradettes habitait depuis longtemps Clermont. Les Pradettes avaient tenu les premières charges

(1) Aujourd'hui sixième janvier 1636, par moi chantre, chanoine et curé de l'église principale du Port, a été baptisée, Marie Paret, fille à Jean Paret et à Claude Pradettes, ses père et mère, née le jour d'hier après minuit. Son parrain a été Guillaume Pradettes et sa marraine Marie Litaugendre (signé : G. Pradettes-Belot, curé), registres paroissiaux du Port, à la Mairie de Clermont.

de la maison de ville. Mathieu Pradettes, le grand'père de notre Marie Paret, avait été marchand chaussetier. Ses fils, les oncles de Marie Paret, faisaient quelque figure dans Clermont : l'un Mathieu Pradettes était marchand comme son père. Un autre, Gabriel Pradettes était procureur au siège et avait épousé la fille d'un procureur. Un troisième était religieux au couvent de Chantoing ou Chantoen, aux portes de Clermont. C'était un des derniers chanoines réguliers de ce couvent, où s'établirent dès 1635 les Carmes déchaussés (Carmes-Déchaux) (1).

A part quelques séjours chez ses grands parents de Gerzat, Marie Paret passera toute sa vie à Clermont et ne quittera pas la maison où elle naquit.

A notre époque où ceux qui naissent, grandissent et meurent en un pays, sans l'avoir quitté, sont une exception, nous ne savons plus la force d'influence d'un milieu qui ne change pas. Nous disons encore, pour préciser un caractère : un tel est lorrain, il est breton, il est enfant de Paris, mais combien le caractère régional était, au XVIIe siècle, plus fortement marqué que de nos jours, les fusions entre provinces étant une rareté.

Marie Paret est donc de la rude Auvergne, terre de granit au climat âpre et violent, d'où une race résistante comme le granit, qui ne s'épanouit pas aux joies, parce que l'orage monte vite au ciel ensoleillé, qui ne se brise pas sous la souffrance, parce que l'ouragan passe, sans le détruire, sur le roc solide. Terre où montagne et plaine se compénètrent : race où les contrastes s'allient ; souvent austère mais avec des élans de tendresse, doux comme le soleil du matin après une nuit d'orage ; race à l'abord souvent froid, mais aussi d'une

(1) Cf. manuscrit de Pierre Durand, bourgeois de Clermont, à la Bibliothèque Nationale.

sensibilité passionnée qui surgit comme une lave ardente et porte l'âme tout entière du côté de ce qu'elle aime. Aime-t-elle l'argent, aime-t-elle les honneurs, son avarice et son ambition sont intenses ; aime-t-elle les biens immatériels, elle donne les héros et les saints.

Clermont, capitale de l'Auvergne, symbolisait bien, au XVIIe siècle, le caractère essentiel de la région. C'était la ville sombre, construite surtout en lave de Volvic, et enfermée étroitement, trop étroitement, dans ses remparts aux 29 tours. Comme dans toute ville ancienne, ses rues étaient tortueuses, « empuanties », surtout aux abords des murailles, par les détritus qu'emportait mal l'eau des ruisseaux. « Rues si étroites », écrit Fléchier, « que la plus grande y est la juste mesure d'un carrosse » et que « deux carosses y font un embarras à faire damner les cochers ».

Mais en Auvergne les dons précieux voisinent avec les aspects rébarbatifs, et Clermont la grise est égayée par « l'eau des mille belles fontaines » qui sont en même temps de curieux monuments, comme la fontaine du Terrail, comme la fontaine de Jacques d'Amboise, si saisissante par la sveltesse un peu raide de ses lignes droites, et le délié de ses bas-reliefs.

« Les maisons y sont belles, en certains quartiers, toutes soutenues en l'air, la coutume étant de creuser des caves au-dessous des fondements qui ne sont appuyés que sur un peu de terre suspendue et qui tient si ferme qu'il n'en est jamais arrivé aucun accident » (1). En d'autres quartiers, précisément dans le voisinage du Palais de Justice, habité par les parents de Marie Paret, les hôtels, discrètement séparés de la rue par une façade assez uniforme, ont grand air, au fond de leur cour étroite, et sont encore, à l'heure actuelle, malgré des

(1) Cl. Fléchier. *Les Grands Jours d'Auvergne.*

transformations plus nécessaires qu'heureuses, un des mérites artistiques de Clermont. Ils ont presque tous un caractère commun de robustesse, adoucie par une grâce furtive de décoration.

Clermont avait mieux encore que ses hôtels, elle avait ses églises. La fureur révolutionnaire en a fait tomber plusieurs, mais celles qui restent suffiraient à illustrer l'Auvergne. Sur le plateau central de la ville, entourée par le palais de l'évêque, par le palais de la cour des aides, par le palais de justice, par des maisons particulières, comme celle d'Etienne Pascal, se dressait la cathédrale. Extérieurement, elle était austère et massive avec sa façade sans sculptures et sans flèches, et même avec ses portails de transept aux quatre tours trapues ; mais belle, cependant, avec ses arcs-boutants hardis, d'une double volée. A l'intérieur, elle était toute élégance et toute lumière, par le jet puissant de ses colonnettes, ses riches vitraux de la belle époque dont les tons bleus, rouges, jaunes, très harmonisés, remplissaient l'édifice, du grand matin à l'heure passée de midi, d'un jour violet, chargé de méditation, ou d'un jour doré, pénétré de foi sereine.

Et puis, c'était Notre-Dame du Port, la paroisse de Marie Paret, le centre même de la piété clermontoise, un des plus beaux spécimens de l'art roman ; église où la lumière discrète s'accentue dans le chœur, où les colonnettes supérieures et les arcs qui délimitent la coupole ajourent splendidement l'édifice en ses parties hautes. C'est toujours le même mélange de robustesse et d'élégance, de qualités austères et de charme profond.

Plus saisissant encore était ce mélange, quant au cadre de Clermont : robustes montagnes d'Auvergne à l'Ouest, avec leurs sommets bien dessinés, mais sans élan ; plaine de Limagne verdoyante à l'est, vaste comme une mer, animée par les ombres mouvantes des nuages, doucement et noblement terminée par les monts du Forez, non moins élevés que les monts d'Auvergne, mais plus lointains et plus adoucis. Aux abords de Clermont, entre le pied de la montagne et la ville, c'était une abondance extraordinaire de vergers, de prairies, de sources chantantes et claires, entourant les résidences d'été de la noblesse de robe : Champfleury, Beaulieu, La Saigne, Saint-Victor, Montjoli, Les Roches, Beaurepère, L'Oradou, dont les noms, et quelquefois les murs anciens, sont encore bien connus des Clermontois.

Dans toutes ces villas, ce sont « jets d'eau d'une hauteur extraordinaire » (1) ou « grottes dont les eaux sortent en nappes », ruisseaux « aux eaux si claires et si pures que les yeux en aperçoivent toujours le fond ».

Les Clermontois d'aujourd'hui reconnaîtraient avec peine, dans ces descriptions admiratives, la Tiretaine et les ruisselets ses affluents, que les usines ont captés et défigurés, mais l'admiration n'était pas excessive, puisque d'autres que les Clermontois la partageaient. Richelieu, qui tant aimait les fleurs, les arbres et les fontaines, s'arrête plusieurs heures en la propriété de l'Oradou, pour jouir de la fraîcheur de ses eaux courantes, de ses ombrages, de sa belle vue (2). Fléchier, qui tant aimait alors Paris, n'est pas insensible aux beautés de la nature clermontoise qu'il aperçut à l'automne, au temps où la richesse des teintes éclaire d'un lumineux sourire la face sévère des monts.

A parler des beautés de la nature, il vient cependant quelque scrupule. Marie Paret les admira-t-elle ? Il semble plutôt qu'elle les ignora, ou ne les connut que

(1) Audigier, Manuscrit de l'Histoire de Clermont à la Bibliothèque Nationale.

(2) Cf. Audigier, op. cit.

pour le bien des pauvres, des enfants, qu'elle menait parfois en promenade.

Elle était trop du XVIIe siècle, et trop d'Auvergne aussi, pour ne pas attacher au monde des âmes, une importance bien plus considérable qu'à la nature. Mais, qu'on y prenne garde ou non, ne subit-on pas l'influence du milieu, tout autant que celle de la race ? Le fait de vivre dans une ville sombre, mais éclairée par la beauté de quelques monuments ; dans une ville trop étroite, trop enfermée, mais avec de splendides échappées sur une nature puissante et attirante, n'incline-t-il pas l'âme à accepter comme secondaires des conditions de vie rude et austère, et à lui donner des désirs intenses d'une vie plus haute, d'une vie plus lumineuse, qu'elle sait exister, au-delà de la terne réalité du jour qui passe ?

CHAPITRE II

Enfance et adolescence

Dès sa petite enfance, Marie Paret est plus pieuse et plus sage que les autres enfants. C'est la plante qui se développe toute droite, en un sol chrétien, dans une atmosphère chrétienne, sous le soleil de Dieu.

Le milieu inclinait à la piété, en effet. A Clermont, comme à Gerzat, de nombreuses prédications maintenaient dans le peuple la solidité de la doctrine chrétienne. La vie de tous les jours était pénétrée de coutumes chrétiennes. Tel, le cri du réveilleur de ville qui, le lundi, de grand matin, passait par les rues de Clermont, en répétant : « Réveillez-vous, réveillez-vous, gens qui dormez et priez pour les trépassés » (1). Telles les lumières soigneusement entretenues au pied des statues de vierges, de saints, qui décoraient les façades extérieures de plus d'une maison. Tel le respect du repos dominical (2).

Clermont avait alors 12 paroisses bien desservies,

(1) Tardieu : *Histoire de Clermont.* Chap. des corps de métiers.

(2) Ainsi il était interdit aux boulangers non seulement de vendre, mais de tenir marchandises exposées aux heures des offices, interdit de tenir tavernes ouvertes les dimanches et jours de fêtes, interdit aux restaurateurs de donner à manger de la viande les jours maigres.

10 abbayes, près de 40 églises ou chapelles. En plus des offices réguliers et ordinaires, les cérémonies spéciales étaient en nombre. Les Jacobins, les Cordeliers avaient leurs confréries. Les Pères de l'Oratoire propageaient la dévotion à l'Enfant Jésus. Les Carmes avaient, au dire d'Audigier, toujours quelque dévotion nouvelle, en dehors de celle du scapulaire.

Mais c'était plus encore Notre-Dame du Port qui entretenait la piété. En dehors de la grande fête du mois de mai, les pèlerinages s'y multipliaient. Dans les calamités publiques, guerre, peste, famine, les supplications s'élevaient pressantes vers la Vierge du Port et les échevins décidaient alors une procession en son honneur.

Comment l'imagination d'une enfant n'aurait-elle pas été frappée par ces manifestations émues de la piété populaire ? La petite Marie Paret, avec ses dispositions naturelles à la piété, aima donc de bonne heure sa paroisse et ses fêtes. Mais, tandis que les autres enfants étaient heureux, après les offices, de pouvoir donner libre cours à leur besoin trop contenu de jouer et de crier, elle restait volontiers à l'Eglise, et on la voyait verser des larmes devant le Saint-Sacrement.

Dès l'âge de huit ans, elle jeûne plusieurs fois la semaine. Dès l'âge de douze ans, elle donne la meilleure part de ses repas aux pauvres.

« Elle semblait née pour obéir » (1), et, promptement, se rendait aux désirs de ses parents. Selon la coutume du temps, elle n'était pas élevée doucement. On la chargeait parfois de besognes un peu rudes pour sa santé déjà frêle ; mais elle s'y prêtait toujours de bonne humeur et ne cherchait pas à en rejeter le poids sur ses sœurs. Si c'était elle que son père ou sa mère désignait

(1) Guillouzou.

pour s'en aller à Gerzat, en commission chez les grands parents, elle s'en allait allègrement, panier au bras, par la pluie, par le vent, — ce rude vent d'Auvergne qui descend en furie de la chaîne des puys et déracine parfois les arbres ; — par les chemins détrempés — ces chemins que recouvre encore, l'hiver, une boue grasse et noire où les pieds s'enlisent.

Elle acceptait déjà d'une humeur égale gronderies ou caresses. Déjà elle était capable de « souffrir avec gaieté les promptitudes de ses parents qui la traitaient assez rudement » (1).

Et cependant, son état de santé ne la disposait pas à cette douce gaieté qui ne se démentait pas.

Elle souffrit assez longtemps d'une « fluxion d'yeux » par laquelle elle faillit perdre la vue. Elle avait « des douleurs d'estomac qui la réduisaient souvent jusqu'à l'extrémité » (2).

Elle eut la possibilité de fréquenter l'école, soit qu'elle fût à Clermont, où les Ursulines, établies depuis 1616, avaient déjà 4 ou 500 écolières à qui elles apprenaient « la lecture, l'écriture, et autres ouvrages gratuitement et sans récompense » (3) ; soit qu'elle fût à Bourg de Gerzat, chez sa grand'mère, où un prêtre filleul (4) tenait école mixte pour les garçons et pour les filles.

On raconte même, à ce propos, qu'elle ne pouvait supporter, à la sortie de l'école, les jeux en commun avec les garçons, qu'elle s'écartait d'eux immédiatement, et qu'elle savait user de son influence sur ses petites compagnes, pour les entraîner à l'imiter.

Son aimable caractère, son cœur bien né, sa réserve même font bientôt d'elle ce qu'on appelle un bon parti,

(1) Guillouzon.
(2) Guillouzon.
(3) Arch. dép. du P. de Dôme, délibération des échevins.
(4) Prêtre qui n'était pas attaché à une paroisse.

et, toute jeune fille, elle est demandée en mariage. Mais elle refuse. Elle est assez persuasive pour faire accepter son refus à ses parents. Sa sœur aînée, d'ailleurs, était mariée à un « rubantier » et les parents, qui avaient déjà une fille bien établie, acceptèrent sans doute plus facilement que la plus jeune se dérobât au mariage.

CHAPITRE III

La vocation

Pensait-elle à entrer au couvent ? Sa piété l'eut fait supposer. Mais, si elle se sentait pressée de se donner à Dieu, elle ne se croyait alors « ni assez de force, ni assez de tendresse » pour lui consacrer sa vie.

A 21 ans, un jour qu'elle passait devant l'église de Saint-Dominique, qui était située juste en dehors des murailles de la ville, tout près de la porte Champeix et de Notre-Dame du Port, elle se sent touchée d'un mouvement si extraordinaire et si pressant que, sans y résister, elle entre dans cette église pour faire un parfait abandon d'elle-même ; et pour dire à Dieu, comme Samuel : « Me voici, Seigneur, parce que vous m'avez appelée. »

Quelques jours après, elle communie dans cette même église. Elle demande à Dieu avec instances de lui faire connaître sa volonté. Ravie en esprit, elle entend intérieurement ces paroles : « Ma fille, je veux que tu ne penses plus qu'à moi et que tu t'attaches à ma seule présence. »

Dieu l'avait prise à Lui, sans qu'elle sût encore ce qu'Il désirait d'elle, mais Celui qui lui avait dit, comme à Catherine de Sienne : « Ma fille, pense à moi », lui avait sans doute fait entendre aussi qu'Il penserait à elle.

Pendant plusieurs années, elle continue à vivre de la

même vie, simplement fidèle au devoir de chaque jour. Ses occupations sont celles des jeunes filles de son âge et de sa condition. Sans doute, elle est plus zélée aux bonnes œuvres, plus recueillie à l'Eglise, plus patiente pour souffrir, plus habile pour grouper autour d'elle les bonnes volontés, plus ardente à se mortifier, puisqu'elle jeûne au pain et à l'eau trois jours par semaine ; mais nul ne connaît le secret de ses entretiens avec Dieu. A ses confesseurs même, elle ne dit rien de son âme pendant plusieurs années et n'a d'autre directeur que Dieu.

Les paroles intérieures, les visions sont trop fréquentes cependant pour qu'elle ne craigne pas les illusions. Elle comprend la nécessité d'avoir un directeur, et, puisque Dieu l'a prise à Lui, dans l'église de Saint-Dominique, c'est à un Père dominicain qu'elle demandera conseil et lumière.

Elle s'adresse d'abord au Père Maître des novices. Celui-ci, désigné pour un autre couvent, lui sera bientôt retiré et le chagrin sera grand pour elle de perdre ce sûr appui, d'avoir à révéler, à un autre représentant de Dieu, les grâces de souffrance ou de consolation qui tombent sur son âme.

Cinq fois, en l'espace d'une douzaine d'années, ce changement lui est imposé, par le départ de ses directeurs, maîtres des novices ou prieurs du couvent. Dieu brisait ainsi sa sensibilité encore trop humaine : « Autrefois », confiera-t-elle vers la fin de sa vie à une religieuse, « j'étais affligée à l'extrême quand mon confesseur s'en allait, je ne cessais de pleurer, rien ne pouvait me consoler ; mais à présent, par la miséricorde de Notre-Seigneur, je suis exempte de cette peine d'esprit. »

Par ces changements aussi des sujets d'humiliations lui étaient fournis, car les grâces extraordinaires qu'elle recevait mettaient le plus souvent en défiance ses nouveaux directeurs. L'un d'eux refusait même de lui parler en dehors du confessionnal, et c'est à cette circonstance que nous devons de posséder encore quelques-uns des écrits dans lesquels elle révélait l'état de son âme, ses grâces d'oraison et son désir ardent d'aimer Dieu.

Est-ce à cause de ces changements de direction si fréquents que sa voie ne fut pas plus nettement orientée dès le début? Toujours est-il que le fait d'avoir un directeur pour l'aider à mieux connaître la volonté de Dieu sur elle, n'entraîne d'abord aucune modification apparente dans sa vie.

Sans doute, elle éprouve souvent le désir du cloître et les couvents ne manquent pas, à Clermont et aux environs.

Si la vie dominicaine l'attire, elle a, non loin de Clermont, le couvent de Sainte-Catherine au Puy, et mieux encore le couvent de Langeac, où le souvenir de la Mère Agnès (la vénérable Agnès de Langeac) est encore si vivant.

A Clermont même, c'est, pour ne parler que de couvents fervents, celui des religieuses de Sainte-Claire, qui observaient la règle de Saint-François avec les adoucissements introduits par le pape Urbain II ; celui de la Visitation, tout récemment établi à Clermont, sous la conduite de la Mère de Cordes, dont Madame de Chantal faisait si grand état ; celui des Bénédictines qui suivaient strictement la règle de Saint-Benoît ; celui des Bernardines, établies à Clermont, depuis 1647, dans une grande pauvreté ; ce sont les religieuses de Sainte-Ursule, toutes consacrées à l'éducation des petites filles de Clermont, les Hospitalières, à qui l'Hôtel-Dieu avait été confié.

Mais les parents de Marie Paret sont trop peu fortunés pour qu'elle puisse être religieuse de chœur et sa santé est trop mal établie pour qu'elle puisse être sœur converse.

De plus, sa compassion pour les pécheurs, pour les pauvres, lui inspire le désir de rester dans le monde, pour convertir les uns, assister les autres. Son humilité même l'éloigne du cloître, pour lequel elle se trouve trop dénuée de vertus.

Restent les Tiers-Ordres.

Le Tiers-Ordre dominicain lui offre les trois voies d'action, de contemplation, et de souffrance, vers lesquelles elle est si puissamment attirée. Mais elle est trop jeune encore pour être si facilement admise dans la fraternité ; et le Tiers-Ordre lui est encore fermé, comme les couvents (1).

En 1666, alors qu'elle avait déjà trente ans, une occasion de dévouement s'offre à son zèle d'apôtre.

« Sur la très louable entreprise de Claude Laborieux, prêtre et chanoine de la cathédrale, d'Antoine Ribeyre, Seigneur d'Opme, de Jean Ribeyre, seigneur de Fontenelles, de Jacques Delaire, président en la cour des aides, d'Etienne Dufraisse, marchand (2), une maison de filles pénitentes, un refuge, est établi en la maison du chanoine Laborieux, « pour recevoir toutes les femmes et filles qui, étant tombées dans le péché, et touchées de douleurs de leur mauvaise vie, voudraient s'y retirer, et pour celles que leurs père, mère, oncle, tante ou autres proches parents ne pouvant ramener à leurs devoirs demanderaient à y être enfermées ; et aussi pour celles qui, par ordre de justice, y seraient conduites à cause de leur prostitution et vie scandaleuse » (3).

(1) L'auteur du « Commentaire de la règle du Tiers-Ordre » (1680), proteste contre la tendance à écarter les sujets trop jeunes.

(2) Lettres patentes de Louis XIV, 1666.

(3) Lettres patentes de Louis XIV, 1666.

Les premiers fonds versés permettent l'entretien de douze filles pénitentes (1).

Au temporel, les administrateurs doivent rendre compte de leur gestion au sénéchal.

Au spirituel, la fondation est placée sous l'autorité de l'évêque de Clermont.

Comme dans les refuges établis déjà en plusieurs villes du royaume, en particulier à Angers, un enseignement religieux est donné par un aumônier. Divers métiers féminins, couture, broderie, sont également enseignés. On prévoit même que celles qui auront fait preuve de bonne volonté seront placées en des familles qui les entretiendront dans leurs bonnes résolutions.

Les lettres patentes accordées par Louis XIV dès 1666, conseillent de préférence, pour la direction matérielle et morale de la maison, « quelque femme veuve, de probité et de vertus exemplaires ».

En fait, le choix des administrateurs se porta, non sur une veuve, mais sur une amie de Marie Paret qui demanda à celle-ci de lui venir en aide.

Marie Paret fit mieux que de lui venir en aide, elle la maintint à la tête de cette œuvre difficile, malgré les conseils opposés qui lui étaient donnés, malgré les supplications de la mère de son amie. Celle-ci pensait, en effet, que tout le zèle et toutes les forces des deux amies seraient dépensés en pure perte, sans consolation pour elles, sans amélioration pour les pauvres filles faibles ou dévoyées qui leur seraient confiées.

Beaucoup, dans Clermont, doutaient de même de la réussite, et l'étonnement était grand de voir, à la tête de cette maison de pénitentes, des jeunes filles

(1) Mlle de Saignes avait donné à elle seule quinze cents livres.

sans expérience, qui ne pouvaient donc être que sans autorité.

Marie Paret, convaincue que des âmes seraient ramenées à Dieu par cette œuvre du Refuge, sut répondre aux objections et aux oppositions.

La plus redoutable, quant à la persévérance de son amie, était l'opposition de sa mère.

Elle alla trouver celle-ci, dissipa ses craintes par des paroles enflammées, par l'intensité de sa propre confiance en Dieu.

Comme elle avait affaire à une femme de foi, elle lui montra le crucifix qu'elle portait toujours sur elle. Avec élan, elle lui dit : « Nous n'avons rien à craindre avec un si bon Maître, voici celui qui nous protège, qui osera nous attaquer ? » Et la mère, ébranlée, laissa sa fille faire, en cette œuvre, le bien attendu.

Marie Paret, par la même ardeur de conviction qui avait vaincu la mère, enracina la fille dans l'œuvre commencée.

Une fois l'œuvre en marche, cependant, elle ne s'y engagea pas elle-même. Une plus large activité l'attendait.

Depuis qu'en l'église de Saint-Dominique elle s'était donnée à Dieu pour toujours, elle conservait un amour de prédilection pour l'ordre dominicain. Son cœur tressaillait de joie à la vue des personnes qui portaient l'habit de l'Ordre, tant elle se sentait animée d'une filiale affection pour saint Dominique.

La Vie des Saints de l'Ordre était son sujet habituel de lecture. Nous pouvons supposer sans invraisemblance qu'elle avait entre les mains les Vies de Jean de Sainte-Marie de Réchac, pas toujours très sûres, mais très édifiantes, ou des Vies plus récentes, et par suite plus prenantes encore, comme celle d'Agnès de Langeac, ou celle de la bienheureuse Mère des Séraphins, imprimée à Clermont même.

Avant que d'être affiliée à l'Ordre, elle était donc imprégnée de sa sève. Les dévotions de l'Ordre, les vertus plus spéciales à l'Ordre, les Vies édifiantes de l'Ordre, étaient toujours le sujet de ses entretiens aux jeunes filles qui s'assemblaient chez elle, et qui, entraînées par elle, avaient formé une petite société d'exercices spirituels.

Dieu, sans doute, l'avait marquée pour l'Ordre de Saint-Dominique, puisqu'il lui avait donné un attrait si puissant pour tout ce qui était dominicain.

D'ailleurs, l'Ordre de Saint-Dominique était assez bien établi dans Clermont pour que ses préférences ne nous étonnent pas.

CHAPITRE IV

Le Couvent des Jacobins de Clermont en 1668

Le couvent des Jacobins de Clermont avait été érigé, sinon en 1219, du vivant même de saint Dominique, comme l'affirmaient les religieux du temps de Marie Paret, du moins dès 1222, et les constructions du couvent, cloître, réfectoire, dortoir, avaient été terminées en 1246. (1)

Le couvent n'était plus, au XVIIe siècle, aussi florissant qu'au temps où il était le « couvent des Cent Frères ». Il ne comptait alors que de 22 à 25 membres. Mais, depuis la réforme du début du XVIIe siècle, la vie régulière « selon la règle de saint Augustin et les constitutions de l'Ordre des Prêcheurs » avait été rétablie dans sa rigueur.

L'abstinence continuelle de viande, les jeûnes, les austérités ordonnés par les constitutions étaient soigneusement observés, ainsi que l'atteste, en 1669, après une visite, le R. P. Faure, commissaire général apostolique (2), et ainsi qu'en font preuve les livres de comptes du couvent où les achats de viande figurent seulement au chapitre de l'infirmerie.

(1) Cf. *Année dominicaine* juin 1921. Article du R. P. Constant : Sur les pas de saint Dominique en France.

(2) Archives départementales, fonds jacobin, carton 6.

Le fait qu'il est couvent d'observance vaudra d'ailleurs au couvent de Clermont le maintien de son noviciat, alors qu'un arrêt du Parlement avait interdit, en 1667, chez les religieux Carmes, Augustins, Mineurs, Dominicains, les noviciats qui ne seraient pas autorisés par lettres patentes du roi.

Les biens du couvent — terres, près, vignes, maisons, — dispersés dans les villages d'alentour ; les redevances en nature qui lui sont versées chaque années, ne sont pas considérables ; mais des fondations de messe, preuve de la sympathie dans laquelle est tenu l'Ordre, ajoutent des ressources aux précédentes. Chaque jour, deux ou trois messes, basses ou chantées, sont célébrées pour des défunts. De plus, les religieux du couvent sont demandés pour les prédications de l'Avent ou du Carême, dans les villes voisines, voire même dans des villes éloignées de Clermont. Le couvent peut donc se suffire, et, dans la requête adressée au Parlement, pour le maintien du noviciat, le rapporteur insiste sur le fait que « le couvent n'est pas à charge au public et que les Frères ne font presque jamais de quêtes dans la ville ». (1)

Ce couvent, qui avait compté dès les origines, des religieux illustres, n'en était pas dépourvu au XVIIe siècle :

C'était le P. Jean Durand, prieur du couvent de Clermont à 34 ans, prédicateur renommé par ses stations de Carême ou d'Avent à Clermont et en plusieurs grandes villes de France ; qui fut provincial de toute la province de Paris ; et que sa grande bonté, sa grande charité avaient fait surnommer « le bon Père Durand pacifique. »

C'étaient le P. Jean Mège, bon prédicateur, lui aussi, qui mourut à Clermont un an après Marie Paret,

Le P. Antoine Dodel, prédicateur général,

(1) Archives départementales. Fonds jacobins, carton 6.

Le P. Paul Lemarchand, sous le priorat duquel, les confréries du Rosaire furent instituées en grand nombre dans le diocèse de Clermont,

Le P. Gilbert Cohade, autre prieur, assez réputé pour être choisi comme maître des novices au grand couvent de Saint-Jacques de Paris, lors de la réforme de ce couvent,

Le P. Richard Guillouzou, un breton, secrétaire de la Congrégation de Bretagne, qui fut prieur de Clermont de 1669-1672 et directeur de Marie Paret pendant ce temps,

Le P. Brésillet, vicaire général « commissaire ordinaire et extraordinaire sur les couvents de la congrégation de Saint Vincent Ferrier, lecteur en théologie.

En ce couvent de Clermont l'enseignement de la théologie était d'ailleurs en honneur. Le couvent compta toujours, au XVIIe siècle un ou deux lecteurs en théologie. Ce n'étaient pas seulement les novices qui bénéficiaient de leur enseignement, mais aussi les notables de la ville. Un cours de théologie et un cours de logique étaient en effet ouverts au public clermontois et régulièrement suivis. L'un des auditeurs de ces cours, devenu prévôt de Lezoux écrivait à un religieux de l'Ordre, en faisant allusion à ces cours : « J'ai toujours regardé l'école respectable de saint Thomas comme un sacré dépôt où la saine et ancienne doctrine de l'Eglise s'est conservée dans toute sa pureté. » (1)

Un prieur du couvent, dans une requête adressée aux échevins de Clermont, pouvait invoquer, comme titre à la gratitude de la ville, l'enseignement de la théologie, donné par un Père du couvent « sans récompense, ni gratification, à tous ceux qui désirent étudier, en quoi le public y reçoit un grand avantage, pour ne se rencon-

(1) Archives départementales. Fonds jacobins, carton 8.

trer dans la province aucun professeur de théologie » (1).

C'est seulement à la fin du siècle, en effet, que les Jésuites, établiront un cours semblable.

La vie de piété ne le cédait en rien à la vie doctrinale si nous en croyons les dévotions favorisées par le couvent.

Là était le siège d'une Confrérie de Saint-Jean dont les Confrères, des deux sexes, s'engageaient à pratiquer l'aumône, à secourir les pauvres, à maintenir ou à rétablir la paix dans les familles.

Mais la dévotion la plus florissante du couvent était celle du Rosaire.

Très nombreuses étaient les confréries instituées dans les paroisses du diocèse depuis le début du XVIIe siècle. Parmi les noms bien connus de la région nous trouvons ceux des paroisses de Riom, Gerzat, Pont-du-Château, Egliseneuve près Besse, Maringues, Cournon, Roche-d'Agoux, Combronde, Saint-Eloi, La Saledde, Marsac, le Monestier, Saint-Bonnet-de-Rochefort (2).

Au temps du prieur Le Marchand, vers 1655, le mouvement de dévotion en faveur du Rosaire est si marqué que le couvent est muni de formules toutes préparées, marquées de son sceau, où ne restent plus à inscrire que le nom de la paroisse, de son curé, la date d'érection de la confrérie.

Le Rosaire perpétuel est lui-même en pleine activité, comme en témoigne le livre de comptes sur lequel sont indiqués les frais d'impression des billets mensuels.

N'aurions-nous pas ces preuves, Fléchier donnerait sans le vouloir son attestation.

Il raconte, dans sa relation des *Grands jours d'Au-*

(1) Archives départementales du Puy-de-Dôme. Délibérations des échevins mai 1847.

(2) Archives départementales du Puy-de-Dôme. Fonds Jacobins, carton 9 et l. 8b.

vergne qu'il a profité d'une après-midi où le soleil invitait à sortir des rues étroites de Clermont et où la boue des chemins ne permettait pas de s'aventurer bien loin, pour visiter le couvent des Jacobins. Il y trouve « fort civil accueil ». Un Père, « qui paraissait des plus habiles et des plus considérés dans la maison », lui donne explication des récentes peintures du cloître qui, sur tout un côté étaient consacrées aux miracles obtenus par la récitation du Rosaire. « Ce fut en cette occasion, dit Fléchier, que le religieux fit valoir tout ce qu'il avait d'éloquence et qu'il nous dit mille curiosités que nous ne savions pas sur ce sujet ». Le ton de Fléchier ne prouve évidemment pas qu'il ait été très touché, mais cette éloquence, qu'il note un peu ironiquement, est pour nous une preuve de l'ardeur avec laquelle la dévotion au Rosaire était préconisée par les religieux dominicains.

Ce couvent, dont les murs dataient du XVe, ou même du XIIIe siècle,(1) était de pauvre apparence. Audigier, en son *Histoire de Clermont*, trouve même que l'ancienneté des murs « leur donne, de dehors, un air malpropre » ; il ajoute d'ailleurs que ceux qui les occupent « ont soin cependant de la propreté du dedans », dont il admire les jardins spacieux, et aussi certaine peinture du cloître qui représente saint Dominiqne aux pieds du Pape, pour demander confirmation de son Ordre. « C'est le plus précieux et le plus bel ornement du couvent », dit-il. Fléchier lui préférait encore une peinture qui représentait la rencontre de saint Dominique et de saint François.

(1) Une partie des murs du XIIIe siècle avaient été endommagés par un violent incendie au XVe siècle et remis en état grâce à la libéralité de l'évêque Jaques de Combor en 1473. Cf. Pierre Durand. *Les origines de Clermont.*

Mais ces jardins, ces peintures n'étaient pas connus de la plupart des Clermontois. Ce qu'ils connaissaient, ce que Marie Paret connaissait, c'était l'église du couvent, ouverte à tous ; une grande église, au chœur assez vaste pour contenir autrefois « les cent frères » et pour servir aujourd'hui de chapelle aux fidèles qui suivent les offices du couvent actuel de la Visitation.

Une grille séparait le chœur de la nef et des bas-côtés « qui étaient assez bien éclairés, » nous dit encore Audigier. Cette église, commencée aux premiers temps du gothique, avait encore des ouvertures romanes, mais les fortes croisées d'ogive du chœur avaient permis de de lui donner une belle ampleur comme une belle élévation. Son élégante sobriété en faisait par elle seule un édifice de recueillement.

Plusieurs chapelles et autels accompagnaient le chœur et l'autel principal, tous chers à la piété dominicaine : chapelle de Notre-Dame-de-Pitié, chapelle de Sainte Madeleine, protectrice de l'Ordre, autel de Notre-Dame du-Rosaire.

De précieux reliquaires renfermaient des reliques de saint Dominique, de saint Thomas d'Aquin, celle-ci accordée par le Maître-Général de l'Ordre en 1372.

Des statues des saints de l'Ordre ornaient aussi l'église et parmi elles, celle de saint Dominique, placée contre un pilier, devant l'autel de Notre-Dame-du-Rosaire.

Des tombeaux illustres s'élevaient au long des murs : tombeau célèbre et justement admiré du cardinal Hugues de Billom, qui était du côté de la sacristie ; tombeau du cardinal Nicolas de Saint-Saturnin, dans le mur du chœur, au-dessus de la porte de la chapelle de sainte Madeleine ; pierres tombales de présidents du Parlement, maîtres des requêtes ; notables de Clermont, comme les Ribeyre, nobles d'Auvergne, comme les Crespat, sieurs de Durtol et de Chanat.

Que d'ardentes prières Marie Paret n'avait-elle pas prononcées dans cette église, depuis le jour où, sous la poussée de l'Esprit-Saint, elle avait fait à Dieu le parfait abandon d'elle-même.

Quelle tendre consolation pour elle que de pouvoir, selon son attrait dominicain, prier devant l'image de son saint préféré et méditer son rosaire devant l'autel de Notre-Dame-du-Rosaire.

Dans cette église, ne se sentait-elle pas soutenue par es prières des saints religieux qui s'y étaient succédés depuis plus de quatre siècles, n'y trouvait-elle pas comme les encouragements des bienheureux de l'Ordre, toujours proches de ceux qui les invoquent ardemment ?

CHAPITRE V

Marie Paret tertiaire.
Son esprit de mortification.

Après dix ans de persévérance dans son désir d'être affiliée à l'ordre de Saint-Dominique, Marie Paret, très jeune encore parmi les tertiaires, était donc admise dans la fraternité de Clermont à titre de novice.

Désormais, Sœur Marie Paret, pratiquera d'une manière héroïque la lettre et l'esprit de la règle du Tiers-Ordre par son amour de la mortification, par son zèle pour le salut des âmes, par son ardeur de foi.

Cette très humble novice, plus avancée dans la pratique de la règle que les plus anciennes tertiaires de la fraternité, a une telle estime de son état de tertiaire qu'elle se croit indigne de la profession. Elle écrit un jour à son directeur ces mots de détresse :

« Mon Père, je suis si misérable que je veux vous demander de me renoncer pour votre sœur, comme aussi à tous mes autres frères et sœurs de l'Ordre. » Et cette demande n'est pas l'effet d'un mouvement passager d'humilité, car elle prolonge trois ans un noviciat qui eût pu ne durer qu'une année ; et, si elle consent à faire profession, le 27 septembre 1671, c'est que son directeur lui a déclaré que s'y refuser serait s'opposer à la volonté de Dieu.

Ainsi fixée irrévocablement dans l'Ordre de saint Dominique, elle répond à cette grâce par une vie de mortification, de prière, de zèle apostolique plus intense, par une application plus grande encore à suivre l'exemple donné par ses saintes préférées : Sainte Catherine de Sienne, la Bienheureuse Rose de Lima, dont on instruisait alors le procès de canonisation.

Nous avons déjà vu que, dès son enfance, elle s'était exercée à pratiquer le jeûne aussi strictement, sinon plus, que les chrétiens adultes de son temps. Nous savons, par son confesseur, qu'avant même son admission dans le Tiers-Ordre, elle jeûnait au pain et à l'eau tous les mercredis, vendredis, samedis et qu'elle ne mangeait jamais de viande. Déjà elle dépassait la règle du Tiers-Ordre qui prescrivait quatre jours d'abstinence par semaine à ceux qui jouissaient d'une bonne santé.

Résolue, selon ses propres expressions « à faire souffrir à son corps tout ce qui lui sera permis », elle supprime bientôt le beurre et les œufs, comme trop agréables au goût, ne prend plus que des légumes cuits à l'eau, sans sel, et sans autres assaisonnements qu'un peu de vinaigre. Or, comme elle vivait avec ses parents, le plus difficile dans ses pratiques, n'était pas de s'y plier rigoureusement, mais de les faire accepter, de calmer la désolation qu'elles pouvaient faire naître en ceux qui craignaient leur effet sur sa santé.

Sa mère, résignée, mais non convaincue, mettait parfois, en cachette, un peu de beurre dans ses légumes ; mais, en cachette aussi, notre Marie Paret savait y verser de l'eau pour en affadir le goût. Certain jour qu'on lui avait donné pour les pauvres un pain tout moisi, dont les chiens n'auraient pas voulu, elle le garda soigneusement pour elle et demanda à la personne qui le lui avait remis de lui en donner souvent du même.

Les jeûnes prescrits par l'Eglise et par le Tiers-Ordre, pendant l'Avent et le Carême, étaient insuffisants pour son ardeur de mortification. Digne émule de ses saintes dominicaines Sainte Catherine de Sienne, Sainte Rose de Lima, la bienheureuse Colombe de Rieti qui avaient supporté, des années durant, l'absence presque complète d'aliments, elle ne prenait plus, en temps de Carême et d'Avent, qu'un peu de pain et d'eau, quatre fois la semaine, vers l'heure de midi.

Elle en vint à ne plus supporter ni le bouillon, ni la viande, ni les œufs, que les médecins ordonnaient de lui faire prendre dans ses maladies.

Obéissante à son directeur, désireuse de faire plaisir à sa mère, elle s'efforça parfois de prendre ces aliments réconfortants, mais l'estomac ne les supportait plus, et elle en était si malade, que ni le directeur, ni la mère, ni le médecin n'insistèrent plus.

De 1671 à 1674, c'est-à-dire de l'époque de sa profession jusqu'à sa mort, maintenue presque toujours au lit par la maladie, elle ne prend presque aucune nourriture. Peut-être son corps en devint-il aussi maigre que celui de sainte Catherine de Sienne qui n'avait plus que la peau sur les os, mais à l'exemple aussi de sainte Catherine, son visage n'en était pas changé ; ce visage pâle et recueilli, qui s'empourprait seulement aux visites de Dieu, n'avait rien d'émacié.

La règle du Tiers-Ordre prescrivait le port de vêtements de laine, de couleur noire ou blanche, de forme simple, mais n'imposait pas, comme la règle du Grand Ordre, le port de la chemise de serge. Marie Paret, dans l'espoir d'y trouver une mortification, s'empresse de porter, elle aussi, la chemise de serge, même dans ses maladies. L'eût-on laissé faire, qu'elle aurait poussé la mortification jusqu'à changer de chemise le moins possible, bien qu'elle fût très soucieuse de la propreté pour les pauvres qu'elle soignait (1)

La règle du Tiers-Ordre prescrivait le lever de nuit pendant le Carême et l'Avent pour la récitation d'une partie de l'Office. Cette pénitence était insuffisante pour Marie Paret. Afin que le temps de son repos ne fût pas pour son corps un temps de bien-être, elle avait établi son lit — si on peut appeler lit une natte de paille, une méchante couverture et une pierre comme oreiller — dans un recoin qui n'était aéré et éclairé que par une petite ouverture et où demeuraient surtout les odeurs de l'arrière-maison.

Ce genre de pénitence était, il est vrai, moins étrange et moins rare à cette époque que de nos jours. La mère Angélique Arnauld, lorsqu'elle avait tenté de réformer l'abbaye de Maubuisson, avait bien imaginé de coucher dans un réduit humide, où les couleuvres lui passaient parfois sur le corps. Mais Marie Paret n'en sentait pas moins la pénitence de son réduit obscur, puisqu'elle avoua qu'elle n'y entrait jamais sans répugnance, ni frayeur. Elle y entrait quand même, par la seule raison qu'elle en sentait la dure pénitence, et ainsi fit-elle jusqu'à ce que son directeur l'obligeât, dans les maladies de ses dernières années, à coucher dans un lit et dans une chambre véritable.

Elle était tellement habituée aux cilice, ceinture à pointes de fer, et autres instruments de pénitence, si

(1) Elle allait même, nous dit-on, jusqu'à reprendre les poux de la tunique qu'elle quittait, et qu'elle récoltait assez amplement cependant dans ses visites aux pauvres. Un missionnaire au Canada mort au début du xxe siècle, ne s'est-il pas reproché, comme une imperfection, d'avoir demandé une chemise pour remplacer la sienne, qui était grise et mouvante par la vermine prise aux camps indiens qu'il évangélisait. (Cf. *Aux Pays des Glaces polaires*, du R.P. Duchaussoy).

utilisés au XVIIe siècle, dans les cloîtres et hors des cloîtres (1), que, sur la fin de sa vie, elle n'y trouvait plus sujet de douleur et qu'ils lui étaient inutiles.

La discipline, chère aux enfants de saint Dominique en souvenir des disciplines sanglantes que s'infligeait leur Bienheureux Père, pour expier ses fautes et celles des autres, comme pour s'unir à la flagellation du Christ, son divin Modèle, la discipline était une des pénitences préférées de Marie Paret. De sa discipline de fer à cinq branches, elle se frappait si longuement, qu'elle allait jusqu'à six ou sept cents coups, elle se frappait si rudement, qu'elle faisait jaillir le sang et que ses épaules étaient entaillées de plaies. On le sut parce que son directeur, redoutant son ardeur à faire souffrir son corps, exigea qu'elle montrât ses épaules à une de ses compagnes pour empêcher ses excès, si excès il y avait. La compagne, suffisamment édifiée, trouva le moyen de dérober la discipline, mais Marie Paret, très ingénieuse lorsque la souffrance était en jeu, réussit à s'en procurer une autre, qu'elle cacha désormais sous sa coiffe. Elle assurait trouver un retour de vigueur dans cette conformation à la flagellation de Jésus.

Si, selon le mot du P. Feuillet, contemporain de Marie Paret, le Tiers-Ordre dominicain était appelé Tiers-Ordre de la Pénitence « pour apprendre aux mondains que ceux qui l'embrassaient devaient se dévouer à la douleur et à la mortification », Marie Paret avait bien pris sa vocation au Tiers-Ordre dans toute la plénitude de son sens.

La pratique des pénitences corporelles poussées jusqu'aux limites du possible est souvent, à l'heure actuelle,

(1) Florent Périer, le mari de Gilberte Pascal, portait ceinture à pointes de fer, et mettait toujours « un ais » dans son lit.

considérée comme un scandale ou comme une erreur des temps passés. N'oublions pas cependent que les grands mystiques ont été des ascètes, de nos jours comme autrefois. Le P. Charles de Foucauld ne vient-il pas de nous rappeler qu'un être humain peut soutenir son corps par une nourriture infime, sans que ce corps soit ruiné avant l'âge.

Il est sans aucun doute que ces exemples ne sont pas imitables pour le plus grand nombre. Ces abstinences, ces veilles, ces châtiments corporels, qui dépassent les limites ordinaires de la résistance humaine, ne peuvent être pratiqués que si la volonté précise de Dieu s'y trouve bien manifestée. Mais il reste aussi que cette souffrance imposée au corps pour libérer l'âme, ou pour le faire participer lui-même à l'expiation méritée par la volonté rebelle, il reste aussi que cette souffrance est réparatrice pour les autres. L'âme qui est assez éclairée de l'Esprit d'Intelligence et de Sagesse pour pénétrer le grand mystère de la Rédemption et pour aimer Dieu par-dessus toutes choses aspire à souffrir en son corps, à l'exemple du Christ, et à expier pour les fautes des autres.

Ceux qui vivent en dehors de l'ordre surnaturel trouveront sans doute insensée et presque criminelle cette diminution voulue des forces du corps.

Elle le serait, en effet, si celui qui procède ainsi ne suivait que son plaisir, présumait assez de ses forces morales pour se mettre en dehors de l'ordre commun, et oubliait que l'homme n'est ni ange, ni bête. Mais Dieu choisit, au cours des temps, ses victimes expiatrices, comme il choisit ses prophètes ; il choisit Isaac, comme il choisit Moïse et, ces choisis de Dieu accomplissent son œuvre, dans le silence d'une vie obscure ou dans l'éclat de la vie publique. Si la volonté de Dieu, manifestée, leur montre la voie de la mortification, ils la suivent, comme ils suivraient une voie de contemplation, ou d'apostolat, attentifs seulement à la volonté de Dieu qu'ils aiment plus que tout, au mépris de la leur.

Au surplus, si, par sa vie mortifiée, Marie Paret a pu mériter d'être plus unie à Dieu et plus dévouée au salut des âmes, ce n'est point par ses étonnantes mortifications qu'elle s'impose à notre vénération, mais par le bien qu'elle a su réaliser autour d'elle, malgré la violences de ses maladies.

CHAPITRE VI

Soin des pauvres et des malades

Au nombre des œuvres de zèle recommandées par la Règle du Tiers-Ordre étaient la visite et le soin des pauvres, des malades.

Ici encore, Marie Paret dépasse les tertiaires zélées et de santé robuste.

Or, à ne voir que le nombre des pauvres, la tâche était déjà immense. Les rapports des intendants nous parlent de la « multitude des pauvres qui sont en foule dans les rues, aux portes des églises, et surtout aux aumônes générales que l'on fait aux enterrements » (1), et qui sont « tellement importuns et insolents que les lieux saints sont profanés de leurs blasphèmes et que ceux qui prient sont sans cesse troublés dans leur recueillement » (2).

L'hôpital général de Clermont, fondé en 1657, un an seulement après celui de Paris, avait bien réuni, dès le début, plus de cent pauvres : vieillards, infirmes ou enfants. Mais le nombre des pauvres à assister était tellement plus considérable ! Déjà en 1669, dix ans seulement après la fondation, les échevins de Clermont délibéraient sur la nécessité d'ajouter des bâtiments

(1) Archives départementales du Puy-de-Dôme. Intendance C. 953.

(2) Cf. Fléchier. *Les Grands Jours d'Auvergne.*

nouveaux aux anciens, pour y mettre « les pauvres les plus décrépits ou les enfants les plus abandonnés, et pour diminuer la fainéantise et la quémanderie ».

La place manquait donc dans les établissements publics pour caser tous les pauvres. La place eût-elle été suffisante que beaucoup, sans doute, auraient échappé à une bienfaisance trop administrative.

La stricte discipline de l'hôpital général devait être bien rebutante, en effet, avec ses rares sorties, ses prescriptions rigoureuses de silence dans les salles de travail, le réfectoire, les dortoirs, avec ses correction corporelles du carcan et du fouet.

Bien des pauvres, contraints d'abord par la nécessité à une vie vagabonde, avaient souvent pris goût à leur indépendance, sinon à leur misère. Ils préféraient l'aumône et tous ses aléas au travail forcé et silencieux.

Et puis, en dehors des pauvres vieux ou infirmes en dehors des enfants abandonnés ou orphelins, il y avait le grand nombre des familles qui étaient pauvres par l'insuffisance du salaire ou par la longueur de la maladie. Sans doute, l'hôpital général venait en aide à une trentaine de ces familles, faisait des distributions de bouillon chaque jour, des distributions de pain le dimanche. Mais ces secours étaient si faibles par rapport à l'étendue des besoins, que chaque paroisse de Clermont avait organisé son assistance charitable. Elle avait ses « dames de la charité » à l'imitation de celles qui avaient été instituées par « Monsieur Vincent » et Louise de Marillac dans tout le nord de la France.

Lors des Grands Jours d'Auvergne, en 1665, Madame Talon, qui venait de Paris et qui pensait que les Dames de la Charité ne pourraient faire œuvre bonne que si elles copiaient Paris, avait procédé parmi elles au choix de la Supérieure, de la trésorière, et distribué les charges, sinon au grand profit des pauvres, du moins à la terreur des dames de Clermont qu'elle voulait régenter comme des petites filles (1).

Son zèle intempestif et tyrannique contribua-t-il à refroidir le zèle charitable des dames de Clermont ? ou bien les enquêtes sur les pauvres, la préparation des soupes, la distribution des aumônes étaient-elles besogne trop absorbante pour les loisirs des dames de la bourgeoisie ? Toujours est-il que vers 1668, dans le temps où elle avait pris l'habit de tertiaire, Marie Paret, si pauvre de santé, mais si riche de dévouement et d'amour pour les miséreux, était chargée, à elle toute seule, des pauvres qu'assistaient depuis plusieurs années les Dames de la Charité de sa Paroisse.

Quêtes, préparations, distributions, elle suffit à tout.

La confiance qu'elle avait en Dieu et la confiance qu'on avait en elle lui inspiraient d'ailleurs des simplifications que d'autres n'auraient osé se permettre. Elle ne tenait aucun livre de comptes et prenait, sans les examiner, les sommes qui lui étaient données.

« Ah, qu'il fait bon prendre sans compter, disait-elle, quand il s'agit de l'argent des pauvres ! La Providence le multiplie quand il lui plaît, les ménagers du monde qui comptent et regardent de si près à ce qu'ils reçoivent et à ce qu'ils donnent sont toujours courts » (2).

Certes, elle n'était pas de ceux-là et, si la modicité des ressources de sa famille ne lui permettait pas des dons en argent très abondants, elle donnait son temps et ses forces en surabondance.

Chaque jour, elle quêtait pour ses pauvres. « Malgré la misère des temps », plusieurs personnes mettaient chaque mois, en réserve, une certaine somme pour leurs

(1) Cf. Fléchier : *Les Grands jours d'Auvergne.*
(2) Guillouzou : *Vie de Marie Paret.*

charités, et Marie Paret obtenait plus encore que la somme destinée, tant elle était persuasive, et tant son cœur, ému de la détresse des pauvres, savait émouvoir le cœur des autres.

Parfois, quand ses forces défaillaient, elle envoyait à sa place quelque compagne. Mais la compagne rapportait peu de chose. C'était à elle que l'on savait donner, parce qu'on avait plaisir à lui parler, parce que son passage excitait dans l'âme un mouvement de charité. Alors, pour que les secours fussent abondants, Marie Paret, indifférente à sa fatigue, faisait ses quêtes bien qu'ayant à peine la force de marcher.

Elle passait ainsi chez les Carmantrand, chez les Vachier, chez les Rochette, chez les Chamflour, chez les Vazeilhes, nobles de robe ou riches marchands dont les revenus dépassaient parfois 1200 livres de rente : une fortune alors ! Et elle passait chez bien d'autres plus pauvres d'écus peut-être, mais non moins secourables.

C'était elle, presque toujours, qui préparait les portions de pain, de viande, de bouillon, parce qu'elle savait admirablement ce qui convenait à chacun. Il fallait qu'elle fût clouée au lit par la maladie pour ne pas s'acquitter de cette tâche. Encore arrivait-il qu'elle retrouvait soudain ses forces lorsque, l'heure avançant, l'amie sur laquelle elle comptait n'était pas encore venue. Elle quittait alors son lit pour tout préparer, dans la crainte que ses chers pauvres aient à attendre plus longtemps les secours nécessaires.

Elle-même portait les portions, car si les dames de la bourgeoisie tenaient à la voir, combien plus encore ses pauvres.

Ces miséreux de Clermont avaient leur abri dans des maisons délabrées, plus souvent encore dans les tours des remparts de Clermont : pauvres tours en ruines d'où les échevins les chassaient parfois, parce qu'il était nécessaire de les réparer, pour éviter leur chute ; demeures insalubres, moins parce qu'elles étaient mal fermées aux intempéries, que parce qu'elles étaient au voisinage des immondices, jetés, faute de service de voirie, par dessus les remparts.

Marie Paret profitait de ses visites pour laver le linge de ses pauvres, pour faire le ménage du logis. Il arriva plusieurs fois que, son zèle ayant dépassé ses forces, elle fut ramenée chez elle, soutenue par deux compagnes.

Fallait-il promener les pauvres, car les pauvres de l'hôpital général avaient leurs promenades régulières et surveillées, on pouvait encore s'adresser à Marie Paret.

Elle conduisit ainsi, certain jour, trois cents pauvres de sa paroisse et de l'hôpital général dans une vigne qu'une Demoiselle de Clermont avait offerte pour que les pauvres pussent manger des raisins tout à leur aise. « Bien que la vigne ne fût pas très grande », ajoute le P. Guillouzon qui rapporte le fait, « tous les pauvres furent rassasiés et la Demoiselle à qui appartenait la vigne fit une récolte aussi alondante qu'aux années les plus fructueuses, ce qui fut attribaé aux prières de Marie Paret. »

De tous les pauvres, c'étaient naturellement des malades que Marie Paret se préoccupait le plus ; et les cancéreux, si nombreux à cette époque, étaient ses préférés. Rien ne la rebutait dans les soins à leur donner. on la vit un jour « faute de balai, ramasser à pleines mains, comme si c'étaient des roses, des plumasseaux tout dégoûtants de pus, qu'elle venait de retirer d'un ulcère qu'elle avait pansé » (1).

(1) Guillouzon : *Vie de Marie Paret.*

Certains de ces malades, aigris par la souffrance et par la misère, la recevaient brutalement. Elle n'en soignait pas moins, en souriant, ceux qui étaient pour elle les membres souffrants de Jésus-Christ.

Il se trouve que nous possédons le récit de son dévouement à une lépreuse, grâce à la relation écrite d'un père capucin, qu'elle avait amené chez sa malade, dans l'espoir qu'elle consentirait à recevoir les derniers sacrements.

Ni l'hôpital de Montferrand, ni celui de Clermont n'avait voulu recevoir cette lépreuse. A grand'peine avait-elle pu découvrir pour elle une masure un peu isolée, hors des remparts de Clermont, en un lieu où nul ne pouvait protester contre la contagion redoutable.

La pauvre femme était toute chargée de lèpre, et « tellement défigurée par l'enflure de son visage et par les croûtes d'une galle fort épaisse, d'où coulait un pus jaunâtre, qu'elle faisait mal au cœur ». Elle ne savait plus qu'exhaler avec violence ses plaintes et maudire sa triste vie. Aux douces paroles de Marie Paret elle ne répond que par des invectives. Marie Paret, plus affectueuse, dans la mesure où elle est plus repoussée, « baise ce visage tout infecté, et insupportable par l'horrible puanterie qu'il exhale ». La lépreuse répond à cette tendresse par un coup de poing si rude sur le visage de Marie Paret qu'elle la rejette contre la muraille proche du lit, elle accompagne le coup de mille injures : cette dévote ne venait la chercher dans sa masure éloignée de la ville que pour rencontrer des libertins.

Marie Paret, sans tenir compte de cette violence, essaie de soulever la pauvre malade. Un nouveau coup de poing la jette à terre. Souriante (c'est toujours le père capucin qui raconte) elle se relève, reprend ses soins.

Lorsque la malade est soulagée par les pansements,

mieux établie sur son lit, elle lui donne à manger, lui met elle-même les morceaux dans la bouche.

Chaque jour elle revenait ainsi à cette malade, pour recevoir chaque jour le même accueil, car les soins qu'elle donnait à la lépreuse ravivaient sur le moment les souffrances et mettaient la malade dans un état d'emportement tel, qu'elle ne savait plus ce qu'elle faisait, ni ce qu'elle disait.

Mais, par la violence de son accueil, autant que par le caractère repoussant de sa maladie, elle était « la perle précieuse » de Marie Paret.

Avec ses qualités d'entraîneuse pour le bien, Marie Paret attirait au service des pauvres les jeunes filles qui venaient à elle et son ardeur à les convaincre manifestait parfois, plus qu'elle ne l'aurait voulu, la profondeur de sa charité.

Un jour qu'une jeune fille exprimait sa répugnance à soigner ces pauvres ignorants, grossiers, ingrats, Marie Paret répondit en montrant les grands avantages de servir Jésus-Christ en la personne des pauvres, et, tandis qu'elle parlait « son visage s'enflamma comme celui d'un chérubin ». « Je puis assurer, déposa la jeune fille après sa mort, que, dans cette ferveur, elle s'éleva de terre plus d'un pied et demi, à quoi ayant pris garde en revenant à soi, elle me prit par le bras avec une ardeur incroyable, me conjurant et me faisant protester que je n'en découvrirais jamais rien à personne : ce que j'ai fait, ayant gardé le secret jusqu'à présent et n'en aurais jamais rien dit, sans un ordre exprès de mon directeur » (1).

Une autre fois, qu'elle était venue à l'hôpital général pour voir comment on y lavait la lessive et apprendre elle-même à mieux blanchir ses pauvres, elle rencontra

(1) Guillouzou : *Vie de Marie Paret.*

le chapelain de l'hôpital, parla du service des pauvres et la voilà, dit le chapelain, « toute éclatante de lumière comme un soleil, les yeux brillants comme deux étoiles, exhalant le trop plein de son cœur » : « Ah ! mon Dieu, vous en faites trop, vous en faites trop à ceux qui ont l'honneur de servir vos pauvres... j'ai peur que le plaisir intérieur que Dieu donne à ceux qui servent ses pauvres ne leur serve de récompense, tant la satisfaction est grande. Si nous connaissions la personne des pauvres et l'estime que Dieu en fait, que ne ferions-nous pas, ô mon Dieu ! »

C'est bien parce qu'elle connaissait « l'estime que Dieu en fait », qu'elle soignait avec tant de sollicitude ses chers pauvres.

CHAPITRE VII

Le soin des âmes

Mais l'âme l'intéressait plus encore que le corps, et là, elle trouvait à faire dans tous les milieux.

Clermont était une ville bien chrétienne, assez fortement teintée de jansénisme, sans doute ; mais une ville où les vérités religieuses étaient connues dès l'enfance.

Les Clermontois dont l'histoire nous a gardé le nom sont, à ce point de vue, un exemple de ce qu'étaient beaucoup d'autres. De Clermont étaient les Pascal ; Blaise y était né une douzaine d'années seulement avant Marie Paret, Gilberte Périer, sa sœur, « très considérable dans la ville, eût été illustre quand il n'y aurait jamais eu de Monsieur Pascal » (1) « Elle joignait à une grande beauté, nous dit Audigier, une sagesse, un amour de la vertu qui lui gagnaient tous les cœurs », ou tout au moins, puisque son amabilité a été contestée, qui lui gagnaient la haute estime de tous.

Des exemples moins célèbres, mais non moins caractéristiques, nous ont été donnés par des hasards d'archives.

(1) Fléchier : *Les Grands jours d'Auvergne.*

C'est ainsi que le livre-journal d'Antoine Blau, conseiller au présidial, met sous nos yeux une de ces vies bourgeoises, si dignes, du XVIIe siècle (1).

Pas de luxe vain, la dépense moyenne d'une année est inférieure à 600 livres (10.000 francs de nos jours) et cela pour une famille assez nombreuses : il eut dix enfants ; pour une famille qui voulait tenir son rang de bourgeoisie : Madame Blau avait ses femmes de chambre et donnait collation à ses amies, une ou deux fois par mois.

Ce qui frappe, avec la simplicité de vie, c'est le grand fonds chrétien : Antoine Blau n'achète que deux livres dans toute sa vie, et ce sont, pour grossir la petite bibliothèque léguée par son père, le *Chrétien intérieur*, et des *Méditations sur l'Evangile*, en trois volumes. Vient-il à perdre un de ses enfants, il le note en ces termes d'émotion contenue et résignée :

« Dieu a fait miséricorde au petit Etienne, mon enfant. »

« Notre-Seigneur a fait miséricorde à un de mes enfants, la petite Gabrielle, l'ayant appelée à Lui par une mort fort souffrante pour cette enfant. »

Toutefois, nous nous tromperions fort, si nous pensions que la société du XVIIe siècle n'était composée que de chrétiens convaincus et pratiquants. L'esprit du monde, l'esprit du siècle, en province, comme à Paris, avait pénétré la société ; les âmes de ce temps, si vigoureuses pour le bien l'étaient aussi pour le mal.

Pour ne parler que de Clermont, l'amélioration était nécessaire sur plus d'un point.

(1) Cl. Jaloustre : *Livre de raison d'un bourgeois de Clermont au* XVIIe *siècles* dans le *Bulletin mensuel de l'Académie de Clermont 1891.*

Ce serait sans doute s'établir sur une mauvaise base que de juger des mœurs courantes par les spirituelles réparties de Fléchier, pour qui « c'est être bien innocent en Auvergne que de n'avoir commis qu'un crime ». Les honnêtes gens y étaient certes en bon nombre. Mais, sans se laisser impressionner par les douze cents plaintes, tant civiles que criminelles qui furent portées aux Grands Jours, « touchant les personnes les plus considérables d'Auvergne », il faut reconnaître que beaucoup n'étaient rien moins que vertueux, et que les meilleurs n'échappaient pas toujours aux faiblesses mondaines.

Les familles les plus célèbres de Clermont par leurs vertus traditionnelles ne s'alliaient-elles pas, par ambition, à des familles qui poussaient jusqu'au crime l'audace de leur indépendance ? Monsieur de Ribeyre, lieutenant général de la Sénéchaussée de Clermont, et conseiller d'Etat, non content d'avoir un fils au Parlement de Paris, avait marié sa fille aînée « la fille la plus belle et la plus agréable du pays, la merveille de la province» (1) au tristement célèbre Guillaume Beaufort Montboissier Canillac, parce qu'il était marquis de Pont du Château et sénéchal de Clermont. Comment le fils, né de cette alliance, eût-il été digne des Ribeyre ?

Les familles de bourgeoisie vivaient certes sans faste ; mais que les réjouissances étaient donc recherchées, que les vanités aimaient donc à s'étaler ! Admettons que Fléchier force la note pour amuser les salons de Paris lorsqu'il raconte que dans certaine réception mondaine « les dames se querellèrent, et se menaçant provincialement du petit crédit qu'elles pouvaient avoir, furent sur le point de se prendre aux cheveux et de se battre à coups de manchons. » Mais, quand il nous décrit les

(1) Fléchier : *Grands Jours d'Auvergne.*

danses préférées, les indications sont trop précises pour être forcées. Et que nous dit-il ?

« Ce sont deux danses qui sont d'une même cadence et qui ne sont différentes qu'en figures. La bourrée d'Auvergne est une danse gaie, figurée, agréable, où les départs, les rencontres les mouvements font un très bel effet et divertissent fort les spectateurs. Mais la goignade, sur le fond de gaieté de la bourrée ajoute une broderie d'impudence, et l'on peut dire que c'est la danse du monde la plus dissolue. Elle se soutient par des pas qui paraissent fort déréglés et qui ne laissent pas d'être mesurés et justes, et par des figures qui sont très hardies et qui font une agitation universelle de tout le corps. Vous voyez partir la dame et le cavalier, avec un mouvement de tête qu'accompagne celui des pieds et qui est suivi des épaules et de toutes les autres parties du corps, qui se démontent d'une manière très indécente. Ils tournent sur un pied, sur les genoux, fort agilement ; ils s'approchent, se rencontrent, se joignent l'un l'autre si immodestement, que je ne doute pas que ce ne soit une imitation des bacchantes dont on parle tant dans les livres anciens. »

« Monseigneur l'évêque d'Aleth excommunie, dans son diocèse ceux qui dansent de cette façon. L'usage en est pourtant si commun en Auvergne, qu'on le sait, dès qu'on peut marcher, et l'on peut dire qu'ils naissent avec la science infuse de leurs bourrées... Les dames s'étaient, depuis quelques années, retranchées dans le soin de leur domestique et de la dévotion... il n'en reste que deux ou trois pour soutenir l'honneur de leur pays... elles pratiquent encore ces anciennes leçons avec quelque espèce de retenue pourtant, devant des étrangers ; mais lorsqu'elles sont ou masquées, ou devant du monde de connaissance, il fait beau les voir perdre toute sorte de honte et se moquer des bienséances et de l'honnêteté. Dès que le printemps est arrivé, tout le petit peuple passe tous les soirs dans cette exercice, et l'on ne voit pas une rue, pas une place publique qui ne soit pleine de danseurs, ce qui fait que les petits enfants en savent tant sans aucune étude. »

Les gens du peuple se divertissaient plus encore dans les fêtes dites baladoires qu'un arrêt des Grands Jours tenta de supprimer parces qu'elles étaient « cause de toutes sortes de lascivetés, moqueries, blasphèmes, batteries, meurtres et profanations. »

Ne nous représentons donc pas les Clermontois du temps de Marie Paret comme gens préoccupés surtout de leurs fins dernières. Les croyances étaient plus ancrées et moins combattues que de nos jours ; elles n'étaient jamais complètement éteintes au fond des âmes. Les pécheurs de ce temps étaient la terre embroussaillée où les épines étouffaient le bon grain, et non la terre qui n'a pas gardé de semence ; mais ils étaient pécheurs et une âme comme celle de Marie Paret, pour qui la vie terrestre est destinée à gagner ou à perdre la vie d'éternelle lumière et d'éternel amour, était accablée de souffrances à constater tant de foi inopérante, à voir tant d'âmes servir à la fois Dieu et Mammon.

Ces âmes-là étaient encore plus pauvres que ses chers pauvres des tours de Clermont, plus malades que ses chers cancéreux, et son tourment de soigner ces âmes, de les guérir n'en était que plus grand. Aux petits et aux grands, aux clercs et aux laïques, aux insouciants et aux éprouvés, elle prodigue les trésors de sa foi et de son cœur.

A l'âme des enfants, elle donne tous ses soins. L'hôpital général n'avait pas assez de place pour recueillir tous les orphelins de Clermont ; elle en prend elle-même plusieurs à sa charge, les loge dans une des tours de la ville, les instruit, leur apprend à prier, les conduit à l'église, où elle leur montre à suivre la messe. Le fils de la lépreuse qu'elle avait soignée avec un zèle si touchant fut un de ceux qu'elle adopta plus particulièrement.

Ce pauvre enfant, âgé de sept à huit ans, portait déjà sur son visage les marques du mal qui avait emporté sa mère ; aussi enveloppait-elle de tendresse le petit être plus attachant que les autres parce que plus souffreteux.

Parler de Dieu à des âmes d'enfant est plus consolant que de soigner l'âme des adultes qui sont plus éloignés de Dieu par leurs fautes ou par le développement de leurs mauvaises tendances ; aussi Marie Paret était-elle attirée par cette œuvre non moins nécessaire, mais plus aride, des adultes en péril.

Les jeunes filles pauvres, que leur pauvreté même exposait au mal plus que les autres, étaient l'objet de toute sa sollicitude, on pourrait dire de toutes ses audaces. Elle leur parlait avec tout son cœur, elle pourvoyait à leur subsistance, les plaçait honnêtement. Si jeune qu'elle fût, elle exerçait avant la lettre ce que nous appelons aujourd'hui la « protection de la jeune fille ».

Même écrasée par la maladie, elle gardait le souci de ses jeunes filles ; si elle ne pouvait marcher pour aller les préserver, elle écrivait. Une de ces lettres a pu nous parvenir et nous montre, à quel point, cette âme si tendre pour les enfants, les malades, savait être véhémente dans ses reproches pour éveiller la foi assoupie, utiliser au besoin le respect humain, incliner l'âme à la prière et au repentir.

La lettre mérite d'être citée en entier.

Marie Paret essaie d'abord d'établir l'âme de son correspondant dans la crainte de Dieu et la honte de sa faute.

Le souvenir des terribles, épouvantables jugements de Dieu

« Je vous prie pour l'amour de notre bon Dieu de lire attentivement le contenu de cette lettre, ne l'ayant faite que pour le bien de votre âme que je vois dans un misérable état, si vous ne sortez de l'aveuglement qui vous empêche de voir le bien que vous avez reçu de Dieu ; votre âme ayant été rachetée du sang de Jésus-Christ : (et je vous prie) de reconnaître les peines et fatigues qu'il a souffertes pour nous faire jouir des biens éternels que vous perdez, ô misérable, pour un plaisir de bête qui vous rend aussi hideux qu'un démon. Oui, ce péché vous rend si difforme que si Dieu permettait aux hommes de vous voir dans cet état qui ne paraît point aux yeux du corps, ils ne pourraient vous souffrir, si grande est la laideur et la puanteur de votre âme.

« Voyez combien d'âmes vous précipitez dans les gouffres et cachots ténébreux de l'enfer par votre mauvais exemple. Vous ne pensez pas que la mort doit bientôt couper le fil de votre vie ; et prenez garde que ce malheur vous arrive, que le péché vous quitte, avant que vous le quittiez ».

Puis venant au fait plus précis qui détermine sa lettre :

« J'ai appris que vous tâchiez encore à voir cette pauvre fille. Ne la perdez pas davantage ; vous l'avez assez perdue, et je vous prie de n'y plus penser si vous ne voulez en recevoir du déplaisir et de la honte. Vous êtes cause qu'on la prend pour une publique. Vous voyez le désordre et le scandale que vous causez en cette ville. Ne vous avisez plus à lui donner des morceaux de terre ; j'appelle terre l'argent que vous lui donnez pour la tromper. J'étais résolue de vous faire rendre les quinze sols que vous lui avez donnés depuis peu. mais d'une façon qui vous aurait mis dans la confusion ; et si Dieu m'eût donné la force pour marcher, je serais allée vous arracher les cheveux en place publique, et cela pour l'honneur et intérêt de Dieu ».

C'est la sainte colère. Les injures qui lui sont personnelles font croître sa tendresse pour ceux qui les lui adressent, mais les injures faites à Dieu, mais la perte d'une âme, elle ne saurait les supporter.

Puis, elle se fait persuasive :

« Ouvrez un peu les yeux vers la lumière de grâce, et, pour cet effet, je vous conseille d'avoir recours à la Sainte Vierge qui est la plus pure entre toutes les pures créatures. Si vous la priez de bon cœur, elle aura pitié de vous. Si vous m'en croyez, vous ferez une bonne confession générale à un bon et prudent confesseur. Par ce changement de vie, mon cher Monsieur, vous posséderez le bonheur éternel ».

Telle était sa manière. Elle peut nous étonner. La foi est si diminuée dans les âmes que les mêmes arguments seraient, sans doute, inefficaces aujourd'hui. Mais ils étaient puissants au temps de Marie Paret. Et puis, elle avait pour elle la supériorité d'une âme vigoureuse, libérée de toute passion, sur une âme faible, victime de ses passions.

Elle engagea aussi plus d'un combat contre les goignades et autres divertissements si contraires à l'esprit chrétien. Elle eût tant voulu faire disparaître ces occasions d'offenser Dieu.

Elle n'était pas séparée du monde au point qu'elle ne sût ce qui s'y passait. Ne donnait-on pas d'ailleurs, deux ou trois fois, au mois de mai, des bals publics dans la grande salle du Palais, où était sa demeure ? Ces bals furent sans doute pour elle, des années durant, l'occasion de rudes disciplines pour expier les fautes qu'ils occasionnaient.

En 1670, elle se sent pressée d'agir plus directement. Elle envoie un billet « à la personne de la compagnie qu'elle savait avoir le plus d'autorité ». C'était une de ces objurgations à la sainte Catherine de Sienne, où, faisant appel, comme toujours, à la foi subsistante, elle disait que le bal était un lieu de mort pour les âmes, et terminait par ce cri désolé de son âme : « O, temps précieux, que tu es à pleurer ! » Et comme excuse de son audace, elle signait par ces mots « L'amour de la charité ».

C'était l'amour des âmes qui avait inspiré ce billet que beaucoup auraient pu trouver excessif, hardi, tout au moins inutile. Cette supplication au nom de Jésus, devait être exaucée.

La personne qui avait reçu le billet, touchée en son cœur par les paroles enflammées de Marie Paret, déclara que si ce billet lui avait été remis au commencement du bal, le bal n'aurait pas eu lieu. Durant les années que vécut encore Marie Paret, il n'y eut plus de bal dans la salle du Palais. « L'amour de la charité » avait été vainqueur de l'amour des plaisirs.

Un tel succès était la preuve que les insouciants peuvent être ramenés par une parole ardente à une vie plus réfléchie. Mais comment faire entendre à ces insouciants la parole qui donne la vie ? Ils échappaient le plus souvent aux prédications. Aussi Marie Paret aurait-elle voulu dire par les rues les vérités chrétiennes.

Si grande était son ardeur entraînante qu'elle avait gagné à son idée plusieurs de ses amies.

Son confesseur ne voulut pas autoriser cette procession de pénitentes d'un nouveau genre ; mais il conserva le papier sur lequel Marie Paret avait inscrit ses appels au repentir du pécheur et à la miséricorde de Dieu :

« Amor crucis.

« Mon Dieu, faites-nous miséricorde.

« O mon Dieu, que le péché est grand.

« Mon Dieu, que nous sommes misérables. O mon Seigneur que nous sommes aveugles.

« O mon Dieu, que vos jugements sont à craindre.

« Mon Seigneur, que votre grand jour sera terrible.

« Mon Dieu, votre passion sera notre condamnation.

« Tremblez mortels, tremblez toujours.

« O mon Dieu, que vous êtes peu connu et peu aimé !

« O hommes, passagers de ce monde, ne vous attachez pas à ce que vous n'emportez pas.

« O mon Dieu, sauvez-nous.

« O bonté de Dieu, ô patience de Dieu.

« O pécheurs, la pénitence ou l'innocence.

« Ne permettez pas, Seigneur, que nous allions coucher dans ces lits tout de feu, qui sont dedans l'enfer.

« Mon Dieu, encore un coup, miséricorde ! »

Une autrefois, elle avait pensé à disséminer, dans une église, des papiers sur lesquels elle avait écrit des pensées religieuses. Les papiers furent remis à son confesseur avant qu'elle ait pu achever son projet. Ils disaient :

« La vie du parfait chrétien est une vie de mort et de renoncement sans réserve.

« Ne pensons plus qu'à Dieu seul, n'aimons rien que Dieu.

« L'âme qui aime véritablement ne doit penser qu'à son Bien-Aimé ».

« Le parfait Amour, l'Amour pur se trouve dans la souffrance.

« Tout ce qu'il y a sur terre est fade et amer à une âme qui ne pense qu'au ciel.

« Quittons le monde, avant qu'il nous quitte.

« Aimons les pauvres et l'Enfant-Jésus nous aimera, il n'est venu que pour cela.

« O notre Tout ! si nous avions une foi ardente, c'est-à-dire si nous vous connaissions, que ne ferions-nous pas ! Les plaisirs nous seraient un supplice. Les souffrances et les croix nous seraient des délices. Enfin, nous serions tout de feu » !

Elle avait des désirs intenses d'aller de village en village, un crucifix à la main, pour exhorter les pécheurs, enseigner les enfants, les ignorants.

Elle avait des désirs non moins vifs d'aller chez les infidèles, parmi les captifs. Elle s'offrait en victime à Dieu, pour souffrir à la place des pécheurs obstinés, sans en désirer d'autre récompense que leur conversion et la gloire de Dieu.

Pendant le jubilé ordonné par le pape Clément IX, en faveur de Candie, assiégée par les Turcs, elle entra en oraison à ce sujet. Dans un ravissement elle entendit Jésus-Christ lui demander ce qu'elle désirait. Elle supplia pour trois choses : la persévérance en la foi des pauvres assiégés, la force et le zèle pour tous les chrétiens à leur secours, la conversion des Turcs. Elle ajouta :

« Mon Dieu, que je sois brisée, qu'on me mette en un gibet ou sur un échafaud, afin que je puisse verser tout mon sang et que ces âmes infidèles soient éclairées dans la lumière de votre grâce ».

Et ceux qui l'entendaient ainsi prier, voyaient aussi l'abondance de ses larmes.

Mais, partir pour les régions lointaines était une chimère, étant donnés son sexe et sa santé. Force lui était donc de s'en tenir aux âmes qui venaient à elle, ou à qui on l'envoyait.

Que de conseils donnés pour le bien à faire, que d'encouragements pour le mal à souffrir. Elle saisissait toutes les occasions. Ses austères paroles n'éloignaient pas d'elle et faisaient accourir ceux qui souffraient. Ames malades, âmes affligées, combien n'en a-t-elle pas guéri et réconforté !

Les quelques rares lettres d'elle qui nous sont parvenues en sont autant d'exemples.

A un homme qui perd la vue elle écrit :

« Qui a Dieu a tout.

« Ne perdez pas courage, s'il vous semble que Dieu ne vous écoute pas, sitôt que vous le voulez. Prions toujours : ces prières ne se perdent jamais. Dieu les exaucera, sinon pour la santé de votre corps, elles vous serviront pour le bien de votre âme. Elles vous attireront les grâces et bénédictions du ciel qui valent mieux, sans aucune comparaison que tous les biens de la terre.

« Monsieur, ayez patiemment une conformité entière à la volonté de Dieu ; et demandez-lui instamment qu'il ouvre principalement les yeux de votre âme pour bien connaître les vérités éternelles ».

Et à la femme de celui-ci, elle écrit une lettre qui fait encore plus fortement appel à la vaillance chrétienne :

« Mademoiselle.

« Pour salut en ces bonnes fêtes, Jésus, couché dans la crèche vous veuille donner de nouveaux désirs de souffrir. J'ai été sensiblement touchée, lorsque j'ai appris par votre lettre que vous vous affligiez encore de ce que Dieu vous aime. Ne savez-vous pas quelle couronne il prépare à ceux qui souffrent dans les afflictions et qui méprisent le monde, pour son amour. Pour la guérison de Monsieur votre mari, nous la pouvons demander à Dieu, mais sous cette condition : si c'est son bon plaisir. L'exemple de l'apôtre Pierre nous doit toujours servir, qui, ayant toujours sa fille malade, et le peuple lui demandant pourquoi il ne la guérissait pas de son mal, lui qui guérissait tous les autres malades qui s'approchaient de lui, il leur fit cette réponse que la volonté de Dieu était que sa fille passât ainsi sa vie dans cet état d'infirmité et que par là, elle devait emporter la couronne immortelle. »

Une autre fois, elle essaie d'élever à un état d'âme plus généreux une dame qui voulait s'opposer à la vocation religieuse de sa fille :

« Madame, donnez à Dieu ce qu'Il vous a prêté ; rendez ce qui ne vous appartient que par sa grâce... si Dieu demande votre fille pour le ciel, ne la donnez pas à la terre... si vous êtes une véritable mère, une mère de tendresse et de compassion pour votre chère enfant, vous ne l'empêcherez pas de prendre ce titre d'épouse de Jésus... O aveugles et misérables que nous sommes, que pour une attache et un plaisir qui ne peut nous contenter, nous nous exposions à souffrir des tourments horribles et sans fin ! Faisons-nous donc violence, domptons nos mauvaises inclinations si nous voulons suivre le Fils de Dieu qui, pour nous racheter, a bien voulu laisser le trône de sa gloire, pour venir embrasser la pauvreté, les humiliations, le mépris.

« Prenez garde, Madame, de ne point empêcher Mademoiselle votre fille, de servir l'attrait de la grâce, car vous en répondrez devant Dieu. Mais comme je crois que vous êtes une dame véritablement chrétienne, et tout à fait pieuse, j'espère en la bonté de Dieu que vous vous soumettrez de bon cœur aux ordres de sa divine sagesse et que vous adorerez sa conduite.

« Voilà le petit sentiment qu'il me semble que Dieu m'a donné, Madame.

« Votre obéissante servante,

« Sœur MARIE PARET. »

Cette lettre au ton si ferme était évidemment adressée, comme l'appellation de « Madame » l'indique, à une personne de la haute société de Clermont. La grandeur du rang n'éblouit pas Marie Paret qui n'atténue pas pour elle la vérité de sa pensée.

Ce ne sont pas seulement les gens du monde qui bénéficiaient de sa parole réconfortante, mais encore les gens du cloître, à qui elle était envoyée par son confesseur ou qui la demandaient d'eux-mêmes. Elle savait si bien leur parler de renoncement, d'amour de la croix, d'amour de Dieu !

Ici encore nous avons quelques lettres. Telles, les suivantes, adressées à un religieux :

« Qui a Dieu a tout. »

« La lumière et la force des saints soient toujours dans votre âme pour y continuer les sacrées flammes que j'ai autrefois connues par vos entretiens. Oh ! que vous serez heureux de mépriser tout ce que les saints ont méprisé pour jouir des doux entretiens d'un Dieu si plein d'amour. Vous ne regretterez pas d'avoir quitté ce que vous aurez quitté pour Dieu ; mais vous vous réjouirez de posséder ce que vous avez trouvé en Lui : La vie passe et l'éternité vient ».

Ou bien :

« Je prie notre bon Dieu qu'il vous éclaire toujours dans la foi, afin qu'étant toujours bien persuadé de ses vérités vous ne fassiez aucune recherche de quoi que ce soit sur terre ; mais que vous passiez par dessus tout pour chercher Dieu seul. Vous ne perdrez rien au change, vous laisserez la boue pour avoir de l'or. »

D'autres fois, alors qu'elle écrit sous prétexte de demander à son correspondant de prier Dieu d'ôter de son propre cœur « toute glace, toute paresse, toute tiédeur », c'est son amour pour Dieu qui jaillit et qui fait de sa lettre une exhortation à n'aimer que Dieu.

« Ce n'est que dans la solitude, et hors des bruits du monde qu'Il parle à l'âme fidèle et qu'Il se communique entièrement à elle ; qu'Il lui apprend qu'Il est tout et qu'elle n'est rien, et que sa vie doit être une vie crucifiée. C'est pour lors que Dieu fait dire à cette âme, comme à saint Augustin : « O mon Dieu, que je vous ai tard aimé ! A quoi pensais-je quand je ne pensais pas à Vous, que cherchais-je hors de Vous, et qu'est-ce que j'aimais, quand je ne vous aimais pas ?... Jésus semble donner d'autres yeux à cette âme. Elle voit Dieu, elle aime Dieu, elle sent ses communications, ses caresses et goûte délicieusement la suavité de ce Dieu tout d'amour, qui dévore, qui brûle, qui consume et qui fait mourir, ou plutôt qui fait languir cette âme, lorsqu'elle se plaint que son corps est une cruelle et obscure prison, qui la détient enchaînée et l'empêche de prendre son vol vers Celui qu'elle sait être le seul qui puisse la contenter... Amour, amour, ô que l'éternité est d'une grande durée et que cette vie n'est que d'un moment ! O que si nous étions bien persuadés de ces vérités, la vie nous serait une mort et la mort une vie ; les plaisirs et les soins du corps nous seraient une croix et un cruel supplice, les supplices et la croix nous seraient des délices. Le trésor de l'âme ne se trouve que dans la privation de toutes choses, dans les mépris, la pauvreté et la souffrance, et dans l'abandon au bon plaisir de Dieu. Ne pensons plus qu'à Lui, ne parlons que de Lui, ou pour Lui et n'aimons rien que par amour de Lui. C'est le bonheur d'une âme qui L'aime. »

Des personnes éclairées dans les voies spirituelles recevaient d'elle des conseils précieux. Le curé de sa paroisse, Monsieur Savignier, docteur de la Faluté de Paris « que ses mérites et ses vertus avaient rendu considérable dans le royaume » (1) portait d'elle ce témoignage : « j'ai admiré la netteté de ses réponses et la bonté de son esprit qui me paraissait beaucoup éclairé ».

Un religieux de Saint François rapporte, après sa mort, que, tourmenté par des peines intérieures depuis plusieurs années, il s'était adressé à elle, qu'elle s'était retranchée avec confusion derrière son incapacité, mais que, cependant, après avoir élevé son esprit à Dieu, elle avait dit ce qu'elle pensait, l'avait laissé tout consolé et bientôt délivré de cette peine ».

Le P. Guillouzou nous cite encore le témoignage « d'un autre digne curé qui s'appliquait ardemment au ministère de la pénitence ».

« Je n'ai jamais rien entrepris pour la conversion des âmes qui avaient eu de grands engagements dans le monde et que la Providence m'adressait dans des confessions extraordinaires, que je [illegible] appelé à mon secours cet autre [illegible] mains au ciel [illegible] recommandées. En [illegible] l'état et les engagements [illegible] pour lesquelles je voulais [illegible] très [illegible] le consulter [illegible] elle m'[illegible] que le secours que j'atten-

(1) Guillouzou. *Vie de Marie Paret.*

dais était déjà venu. Alors, j'entreprenais des consciences qui devaient sans doute me rebuter ; mais cependant, je le faisais avec tant de succès que j'en étais tout surpris ne pouvant assez admirer les grandes communications qu'elle avait avec Dieu.

« L'ayant un jour entretenue d'une personne extrêmement engagée dans le monde, et lui ayant demandé des prières pour sa conversion, elle me les accorda avec beaucoup de zèle, et, me parlant en même temps de l'amour que Dieu avait eu pour les pauvres pécheurs, dans le mystère de l'Incarnation, elle porta ses sentiments si haut, et avec tant d'élan, qu'elle se brisa un vaisseau et en pensa mourir la nuit suivante à force de perdre son sang ; lequel elle était ravie de verser pour cette pauvre âme que je lui avais recommandée, et ce ne fut pas inutilement ».

Si elle n'en mourut pas cette nuit-là, ne peut-on dire que son amour ardent pour les âmes la consuma plus sûrement que les soins donnés aux malades, que ses maladies elles-mêmes ?

CHAPITRE VIII

Ses maladies

Elles furent longues, nombreuses et douloureuses ses maladies, et, les faire connaître, c'est grandir son dévouement aux corps, aux âmes, puisque c'est souligner l'étendue de son renoncement.

Le P. Guillouzou a pu écrire que « sa vie ne fut qu'un enchaînement de maladies ».

Tout enfant, elle avait souffert de fluxion sur les yeux, de maux d'estomac.

Plus tard, en dehors des maladies qui la tinrent en son lit, il n'était pas de jour où elle n'eût à souffrir en son corps ; « souffrances si aiguës qu'il lui semblait parfois qu'elle était déchirée avec des tenailles en toutes les parties du corps, ou qu'on lui brisait les os, ou qu'on lui arrachait les entrailles » (1).

Elle avait des migraines qui la réduisaient à toute extrémité et lui faisaient perdre la parole et le sentiment ; et, comme elle n'avait pas, la nuit, l'oubli de ses souffrances par le soulagement de celles des autres, elle les sentait alors plus fortement.

Elle avait dans le nez « une excroissance de chair qui lui coupait parfois la respiration ».

Dès 1661, alors qu'elle n'avait que 25 ans, le mal était déjà très douloureux. Nul ne se serait douté d'ailleurs de son existence, n'eût été la difficulté de Marie Paret à respirer.

(1) Guillouzou. *Vie de Marie Paret.*

Son confesseur lui donna ordre de faire soigner ce mal, son père et sa mère s'adressèrent à un des plus grands chirurgiens de Clermont qui le déclara presque incurable, à cause des ulcères formés. Il coupa cependant, cautérisa, mais ne guérit point. Cinq ou six ans plus tard, le mal était revenu ; une opération chirurgicale était de nouveau nécessaire.

Pendant une heure, le bistouri et le fer rouge travaillèrent sur le mal, sans adoucissement des anesthésiques auxquels nous avons maintenant recours. A l'étonnement du chirurgien, elle ne poussa pas une plainte. « Elle souffrait pour l'amour de Dieu ». Elle puisait dans la contemplation de Jésus crucifié la force et la joie de souffrir, à son exemple, pour les âmes. On nous dit même qu'elle tressaillait de joie au milieu de ses souffrances.

La tentation devait être grande pour un chirurgien, d'employer, sur un sujet si bien disposé, toutes les ressources hypothétiques de son art; d'essayer les traitements douloureux qu'il n'aurait pu infliger à des patients moins résignés. Le chirurgien ne s'en fit pas faute. Des « poudres escarotiques » furent donc employées pour consumer, par leur acrimonie, ce qui avait échappé au fer et au feu. Son visage en était si enflammé chaque fois, qu'il fallait lui appliquer ensuite pendant six à sept heures, des linges mouillés sur la figure.

Sans doute, quand l'espoir de la guérison soutient, on peut avoir l'héroïsme momentané de supporter une souffrance qui conduira à la santé. Mais Marie Paret savait fort bien qu'elle ne guérirait pas. Ce qui la soutenait, c'était son désir de la souffrance et son amour de l'obéissance.

Dans ses maladies habituelles, presque constantes à la fin de sa vie, elle se gardait bien de laisser échapper une plainte par crainte qu'on ne l'obligeât à plus de ménagements.

« Je prends bien garde, écrit-elle à son premier directeur, de faire rien connaître à ma mère de ce peu de mal que je souffre, car vous savez qu'elle est extrêmement bonne. Je crains qu'elle ne flatte encore davantage mon corps. »

Mais son silence même la trahissait. Dans la même lettre elle ajoute :

« Ma mère connaît bien quand je souffre de douleurs plus fortes, car alors je demeure paisible et sans aucune action extérieure. »

Ce qui lui semblait le plus pénible dans ses maladies, c'était l'obligation où la mettait son confesseur de réduire ses mortifications. Et, dans les premiers temps, elle ne pouvait s'empêcher de lui redemander, s'il ne lui permettait pas à nouveau « ses petits exercices ».

Pénible lui était aussi, au début de ses maladies, la difficulté de maintenir sa vie d'oraison dans la souffrance. Si elle parle avec indifférence de ses opérations, elle ne peut, sans douleur, constater cette gêne spirituelle.

« Si j'osais pleurer quelquefois, je le ferais de me voir si paresseuse au service de Dieu ».

En ses plus cruelles souffrances, elle ne demandait pas à Dieu de moins souffrir, mais seulement qu'Il lui donnât la force de mieux souffrir. Maintes fois, elle fit dire en l'église des Récollets de Montferrand des messes en l'honneur de saint Pierre d'Alcantara, pour obtenir la grâce de s'unir à ses douleurs. « On a remarqué, dit le P. Guillouzou, que toutes les fois qu'on y disait la sainte messe à ses intentions, ses douleurs redoublaient en toutes les parties de son corps. »

Les souffrances de sa dernière maladie dépassèrent ce qu'elle avait enduré jusque-là. Depuis plus de deux ans, elle ne quittait pas le lit. Sa mère tomba malade, elle aussi, en même temps qu'elle. Ensemble elles reçurent l'extrême-onction. Le médecin n'aurait pu dire laquelle des deux était le plus près de sa fin.

Marie Paret supplia Dieu de lui faire subir les peines dont sa mère serait redevable à la justice divine après sa mort « afin qu'elle arrivât plus tôt en Paradis. » Elle trouva la force de l'assister à ses derniers moments. Mains jointes, les yeux fixés sur elle jusqu'au dernier soupir, elle resta dans la prière, sans se mêler aux sanglots qui l'entouraient, malgré la tendresse qu'elle avait pour sa mère. Contre les prévisions du médecin, elle survécut d'un mois à sa mère, mais avec un surcroît de douleurs inconcevables. « On entendait craquer ses os, comme si elle eût été à la torture » (1).

Encore, si elle n'avait eu qu'à s'entretenir avec Dieu ! Mais on ne cessait de la visiter. Celui-ci voulait demander un conseil, celui-là lui confier une peine ; tel voulait s'instruire par son exemple et tel autre ambitionnait le privilège de voir mourir une sainte. Son père, dont la situation était assez dépendante, n'osait empêcher les gens de robe de lui faire visite.

« Les plus qualifiés de la ville entraient ainsi avec quelque sorte d'autorité, quelques-uns d'ailleurs par le crédit de son confesseur » (2), et Marie Paret, malgré ses souffrances, malgré son désir de solitude avec Dieu, accueillait d'une âme égale, et ceux qui avaient besoin de sa parole, et les simples curieux.

Elle possédait si bien son âme que les souffrances du corps ne pouvaient plus la marquer d'imperfections. Ceux qu'avaient édifiés son zèle charitable, sa prière si profondément recueillie dans les églises, étaient plus édifiés encore par la sérénité de sa souffrance.

(1) Guillouzou. *Vie de Marie Paret.*
(2) Guillouzou. *Vie de Marie Paret.*

CHAPITRE IX

Les vertus extérieures de Marie Paret

Que de vertus aimables et discrètes les Clermontois avaient pu admirer en Marie Paret, en dépit du soin qu'elle prenait de rester ignorée !

Si, vêtue de sa robe noire et de sa coiffe blanche, elle passait simple et effacée dans les rues de Clermont, elle n'en retenait pas moins l'attention, car ses yeux baissés et son visage toujours recueilli, étaient en contraste avec le visage mobile des passants.

Son recueillement n'empêchait pas qu'on vînt à elle ; on la savait si bonne ! On l'abordait pour lui apprendre quelque événement familial, pour lui recommander quelque infortune, pour lui demander des nouvelles de ses malades. Elle s'arrêtait alors, disait « avec une modération et une justesse merveilleuses les paroles qui convenaient, quittait aussitôt la personne qui lui parlait, de quelque qualité qu'elle fut » (1), et reprenait sa marche discrète et silencieuse.

Malgré sa réserve, les sympathies croissaient autour d'elle, les dévouements naissaient à sa parole. Ses compagnes d'œuvres se faisaient les servantes des pauvres pour le plaisir d'être avec elle, d'être conseillées par

(1) Guillouzou. *Vie de Marie Paret.*

elle, d'être entraînées par elle. Elle attirait à la fois par le rayonnement de ses vertus surnaturelles et par le charme de ses qualités naturelles. Les unes et les autres, se pénétrant, faisaient d'elle une créature des plus attachantes, aux séduisants contrastes.

On aimait son silence qu'on sentait une prière et ses paroles d'apôtre qu'on subissait sans défense ; on devenait compatissant au contact de sa douceur, et on se sentait de feu au contact de son ardeur. On admirait l'étendue de son détachement, en soupirant peut-être qu'il fût si grand qu'on ne pût avoir ses préférences ; on la voyait au-dessus du niveau commun par les saillies de son âme embrasée de charité.

Elle avait le don de se faire aimer, parce qu'elle était naturellement aimante ; et elle avait d'autant plus ce don qu'elle avait corrigé ce qu'il y avait de trop humain, d'un peu imparfait dans les élans de son cœur. Naturellement tendre, elle avait éprouvé avec larmes abondantes, la tristesse des séparations et la variété des souffrances humaines ; mais sous l'influence de la grâce divine, sa tendresse s'était redressée, paisible, vers Dieu qui maintient dans l'union les cœurs séparés par le temps, vers Dieu qui permet les peines pour grandir les âmes. Ce n'était pas le moindre de ses attraits que cette délicatesse, d'un cœur très sensible, transmuée en vaillance sereine et compatissante.

Sa nature gardait-elle quelque trace d'imperfection, c'étaient des imperfections qui attirent le blâme des tièdes et la louange des généreux ; c'était ce qu'on pourrait appeler un excès d'ardeur pour le bien. Qu'il s'agît de mortification, de charité, de don d'elle-même, d'instinct sa nature tendait à l'extrême et elle déconcertait parfois son entourage par l'imprévu de ses inspirations : on la retint fort à propos un jour que, malade, elle voulait se jeter dans la neige pour accroître ses souffrances.

On l'entendait parfois, lorsqu'elle oubliait qu'elle n'était pas seule, lancer vers le ciel ses exclamations d'amour, manifestations d'une âme aux sentiments intenses et qui se consumait de trop aimer Dieu.

Mais les âmes ainsi aimées, recherchées, admirées sont dans une situation bien périlleuse et risquent de tomber du piédestal d'estime qui leur est élevé. L'humilité de Marie Paret la préservait du danger.

L'admiration n'était pas si universelle, d'ailleurs, qu'elle n'eût à subir des attaques, des reproches injustes. Tranquillement elle les acceptait, l'injustice vint-elle de sa mère ou de ses amies.

Son zèle charitable l'exposait à bien des humiliation : c'était ce qu'elle aimait le mieux dans sa charge.

Certain jour que les administrateurs de l'Hôtel-Dieu avaient trouvé qu'elle avait empiété sur leurs droits dans le service des pauvres, ils lui défendirent d'entrer dans leur bureau, alors qu'elle voulait faire admettre à l'hôpital une pauvre femme malade. D'autres se seraient justifiés de ce reproche injuste, porté devant témoins, et, sous prétexte de justice et de vérité, auraient remis les choses au point, en quelques mots. Marie Paret ne répondit rien.

« En toutes les occasions semblables, son unique défense fut toujours de se recueillir en elle-même, et de mettre toutes ses forces dans un profond silence » (1).

D'autres fois, c'étaient les pauvres eux-mêmes qui l'insultaient. L'un d'eux lui jeta un jour de la boue en pleine rue ; mais elle recevait l'injure avec douceur et avec joie, surtout si elle était publique ; l'expression de cette joie était chez elle aussi prompte qu'eût été, chez une personne de vertu moyenne, le sursaut de la nature, blessée par une injure imprévue. Un jour qu'elle parlait

(1) Guillouzou. *Vie de Marie Paret.*

devant l'église de Saint Dominique avec son confesseur, « une pauvresse, qui était du nombre de celles qu'elle assistait, vomit contre elle mille imprécations, la traitant de bigote et d'hypocrite ; elle l'écouta sans trouble, puis courut avec une agilité surprenante vers cette mendiante, l'embrassa avec une telle tendresse que la colère de l'autre tomba immédiatement » (1). La pauvresse avait comblé ses désirs qui étaient d'être méprisée comme l'avait été son Maître, Jésus.

La louait-on, elle en souffrait « et elle gardait soigneusement le silence pour ne pas donner occasion de la louer davantage. » (2)

Son humilité était bien connue, et le bon sens populaire qui voit là, avec raison, une marque réelle de sainteté, l'avait surnommée « la sainte ». Mais le bon sens populaire qui ignore jusqu'où peut aller l'humilité des saints ne se doutait pas de la souffrance qu'il lui infligeait. On la vit fondre en larmes un jour qu'elle avait entendu dire sur son passage : « Voyez la sainte ». Raison de plus pour exalter celle qui aurait voulu, selon son aveu disparaître sous terre.

Et l'on ne savait point cependant, à l'exception de ses confesseurs, vers quel degré d'union à Dieu montait cette âme sanctifiée.

(1) Guillouzou. *Vie de Marie Paret.*
(2) Guillouzou, d°

CHAPITRE X

Sa vie de prière

Vivre pleinement inconnue, vivre pleinement isolée du côté des hommes, seule à seul avec Dieu ! Que de fois son âme avait soupiré vers cet idéal de vie purement contemplative.

Ce n'était parfois qu'un effet de sa lassitude physique et de la maladie.

« Le corps se plaint toujours et dit qu'il n'en peut plus », écrit-elle un jour à son confesseur. « Je sens qu'il me porte à laisser cette vie active pour prendre la quiétude et le repos, pour me tenir dans la retraite, garder le silence et ne me mêler de rien. Ce sont les demandes et désirs du corps, l'esprit se porte à des choses contraires ».

Mais d'autres fois, c'était l'esprit aussi qui aspirait à la contemplation et le disait à Jésus, après la communion.

« Je Lui ai dit que je voulais me défaire de tout soin pour être plus recueillie et demeurer dans un plus grand repos d'esprit ».

Alors il ne fallait rien moins que la voix de son confesseur, parfois celle des saints, et même celle de Dieu pour la maintenir en ses emplois de charité.

Un jour, c'est sainte Catherine de Sienne qui, pour la

réconforter, lui dit les grâces dont Jésus l'a comblée, elle Catherine, pour sa charité au service des pauvres, des malades, et qui l'exhorte « à persévérer toujours dans un emploi aussi saint, à porter avec joie toutes les croix qu'elle y pourra rencontrer ».

Un autre jour, en la fête de sainte Rose, le 30 Août 1670, Notre-Seigneur lui dit qu'Il ne l'abandonnera pas, si elle continue le soin des pauvres comme sainte Rose.

Un autre jour encore, après la communion, elle voit l'Enfant-Jésus : « Il m'a semblé, écrit-elle, que l'Enfant-Jésus avait près de Lui un enfant pauvre et il me dit qu'Il était caché lui-même sous les haillons de cet enfant ». Ou bien encore Jésus lui apparaît au milieu des pauvres. « Il semble le plus pauvre et tous les pauvres s'attachent fortement à sa robe » : Et Il lui dit « Ma fille, ma fille, je suis pauvre avec les pauvres, je pleure avec ceux qui pleurent, je souffre avec ceux qui souffrent ».

Une dernière fois enfin, c'est la Sainte Vierge accompagnée de sainte Catherine qui lui fait « de grands reproches de vouloir abandonner ce que Dieu lui avait confié » et lui dit : « Sache que ma fille Catherine que tu vois ici, et laquelle je veux que tu imites, n'a jamais abandonné les pauvres, quelque forte envie qu'elle ait eu de se séparer du monde et d'être dans une solitude. Mon Fils en veut autant de toi » (1).

Désormais, nous dit son confesseur, elle repoussera toutes les tentations à ce sujet. Un jour que Notre Seigneur lui donna le choix entre le repos de la vie contemplative et la pratique de la vie active, elle les embrassa

(1) Quand ces visions sur lesquelles l'Eglise ne s'est pas prononcée ne seraient pas réelles elles seraient du moins le fait d'une imagination toute remplie de Dieu, et la manière dont elles sont acceptées, la marque d'une volonté toute soumise à celle de Dieu.

toutes les deux et de fait, ajoute-t-il, elle les pratiqua toutes les deux.

Elle vivait, en effet, dans un degré d'union à Dieu que les contemplatifs du cloître n'atteignent pas toujours en ce monde. Elle demeurait à l'église des heures durant « aussi immobile que si son âme avait été séparée de son corps » et parfois « le visage enflammé comme un chérubin, la face rayonnante comme un soleil », tant sa prière était ardente.

Elle avait dans la Sainte Vierge une dévotion si tendre qu'elle montait plusieurs fois par jour dans une pièce de sa maison d'où elle pouvait voir la statue de la Vierge qui surmontait la cathédrale, et elle se prosternait pour solliciter sa protection. Tous les jours, jusqu'à sa mort, elle ne manqua pas de réciter le Rosaire, bien qu'elle ne fit pour ainsi dire plus d'autre prière vocale. Parfois aussi, lorsqu'elle montait l'escalier de sa maison, elle disait, agenouillée, un *Ave* à chaque marche, trouvant ainsi le moyen de satisfaire sa dévotion et de réprimer la trop grande vivacité de ses mouvements.

De bonne heure, elle avait aimé saint Dominique, et bien avant d'être tertiaire, l'appelait son bienheureux Père.

Elle aimait à s'entretenir avec sainte Catherine de Sienne, qu'elle avait prise pour modèle dans son apostolat ; ou avec sainte Rose, à qui elle demandait d'être comme elle « une parfaite amante de la croix » ; ou avec saint Pierre d'Alcantara « pour obtenir la grâce d'être unie à ses douleurs » (1).

Mais sa dévotion de choix était celle de l'Eucharistie. Au temps où le jansénisme était si prédominant à Clermont que les Pères Jésuites, lors de la fondation de

(1) Guilonzou, *loc. cit.*

leur collège en 1663, avaient été accueillis à coups de pierres, malgré la protection de l'intendant du roi. Dieu suscitait dans cette ville qui tendait à s'éloigner des sacrements, une apôtre de l'Eucharistie.

C'est dans la Sainte Eucharistie que Jésus, avait été le premier directeur de Marie Paret et lui avait demandé de se tenir en sa présence en tous temps et en tous lieux. C'est dans la sainte communion qu'elle trouvait la force de se déprendre plus complètement du monde que si elle avait été dans un cloître.

« Demeure en moi, dans la sainte communion, » lui avait dit Jésus. « Si tu savais les grâces que tu y reçois pour mépriser le monde, aimer la souffrance et te plaire en la croix! Elève-toi au-dessus de toutes choses, prends essor et te viens reposer dans le sein de ma divinité, pour y voir et contempler mes perfections infinies, l'amour que je me porte, l'amitié des trois personnes. Aime, admire, ce divin et incompréhensible mystère. »

Aussi ne cessait-elle de préconiser la dévotion à l'Eucharistie :

« Dans ce sacrement, écrivait-elle, est notre force, notre confiance, notre joie, notre recours le plus assuré dans toutes nos nécessités. C'est dans la Sainte Eucharistie que nous recevons les plus abondantes grâces pour surmonter nos passions, combattre nos défauts, acquérir des vertus. L'avantage que nous avons de pouvoir recevoir Jésus-Christ est le plus grand bonheur que nous puissions posséder sur terre. »

Maintes fois elle l'éprouva sensiblement, en effet :

« J'ai une soif et faim si grande de la sainte communion, » écrit-elle à son directeur, « que les heures me sont des jours, et la seule pensée que je dois communier me donne des jubilations qui paraissent au dehors, tant la joie que j'en conçois est grande. Je me sens pressée de me séparer et de demeurer seule. »

Elle avait de tels sentiments de la présence de Jésus dans l'hostie, qu'elle n'aurait pu être plus émue, si elle l'avait vu réellement en son humanité (1) :

« Quand je fus proche du Saint-Sacrement », écrit-elle à son confesseur, un jour de procession, « je sentis une plénitude de Dieu, présent en moi, qui inondait mon âme d'un torrent de délices et d'une jubilation si grande que tout mon corps en était ému, le cierge que je tenais m'échappa de la main. Je demeurai quelque temps en cet état et peu s'en fallut que je ne tombasse à terre, si grand était le transport d'amour que je sentais en moi. Il me sembla entendre ces paroles de la bouche de mon Sauveur : « C'est ainsi que je traite mes épouses. Ma fille, que de profonds mystères dans ce saint sacrement. Si les hommes y concevaient ma grandeur, ma miséricorde, et mon amour, ils s'en approcheraient avec bien plus de respect, de tremblement, de crainte, et y marcheraient à deux genoux. »

« Il me sembla.... que mon Epoux descendait du ciel, d'une grande vitesse et s'unissait si intimement à moi, que je m'imaginais n'être qu'une même chose avec Lui, par la force de cet amour. »

Et un autre jour, analysant son état d'âme à la sainte Communion, elle écrivait :

« Les sentiments que j'ai en allant à la sainte Communion, prosternée contre terre, ont été de la grandeur de Dieu et de l'abîme de mes péchés. Qui pourrait dire ce qui s'est passé pour lors dans mon entendement ?..... tout ce que je puis dire est qu'il semble que l'on soit submergé en Dieu ; l'on ne peut rien goûter que Dieu ; l'on voudrait être dépouillé de la masse du corps, pour jouir

(1) Pour mieux recevoir son Dieu, non seulement elle se mettait en venia, comme font encore les religieuses dominicaines de nos jours, mais elle se trainait à terre jusqu'à la table de Communion.

de Celui qui est tout notre bien. Dans ces transports, Dieu inonde, élève et attire si fort l'âme à soi, qu'il lui semble qu'elle n'est autre chose que Dieu. Lorsqu'elle revient à soi et qu'elle voit sa misère, elle voudrait s'anéantir, s'abîmer, et se fondre en Dieu. »

Ainsi instruite par Jésus-Eucharistie, elle ne perdait presque jamais la pensée de sa présence en elle. Déjà en 1668, elle écrit à son premier directeur :

« Je ne perds guère la présence de Dieu, je le vois présent en toutes choses, soit à l'Eglise, soit au travail, en prenant ma réfection ou en compagnie. Et dans ces occasions, je me trouve quelquefois si attirée qu'il me semble que mon âme fait quelque petit remuement pour s'aller reposer en son Bien-Aimé qui est tout son amour. Aussi lui dis-je quelque fois :

« O amour, vous êtes plus fort que la mort. »

Et un peu plus loin, dans la même lettre :

« Après mon rosaire, je ne récite guère de prières vocales, je me trouve plutôt attirée à demeurer en la présence de Dieu. »

De bonne heure, son oraison fut ce que sainte Thérèse appelle l'oraison de quiétude et il semble bien qu'à la fin de sa vie elle connut l'oraison d'union.

Ici encore, nous sommes renseignés par elle-même, car sur l'ordre de son confesseur, elle écrivait parfois les pensées et les sentiments qu'elle avait eus durant sa méditation.

« Le sujet de ma méditation fut sur le mystère de l'Incarnation. Comme je lisais que c'était un mystère de feu, je sentis une grande chaleur en mon cœur qui rejaillit au dehors, particulièrement sur mon visage et je me trouvai dans un grand recueillement. Je considérais comme le Père éternel avait envoyé son Fils unique, qui est un autre soi-même, pour de chétives créatures. Je voyais en cela l'excès de son amour et un effet de sa grande miséricorde. »

Puis elle passe à des sentiments de douleur, d'avoir, dans sa vie passée, si peu pensé à ce mystère.

« Comme j'eus fini mon oraison, continue-t-elle, je sentis mon esprit s'élever à Dieu et alors je dis : « Mon Dieu, que voulez-vous que je fasse ? ». En disant cela, je fus dans un plus grand recueillement que je n'avais été dans mon oraison, et il me semble que Dieu était tout proche de moi, que Lui-même m'en assurait... mon âme, en sa présence, me semblait sortir de mon cœur, pour avoir une plus grande liberté de servir ce divin amour ».

Dans les papiers réunis par le P. Guillouzou, dans un ordre, semble-t-il, assez chronologique, nous trouvons encore.

« La pensée que j'ai eue dans mon application à Dieu, a été de cette manière, que, me trouvant séparée et vide de tout ce qui n'est pas Dieu, je ne saurais dire la joie, ni le contentement que j'ai goûté pendant ce temps, tout absorbée en Dieu, dans un grand recueillement. »

Et à d'autres jours :

« Le repos dont je jouis, étant dans cet oubli de toutes choses créées, est si grand, qu'il me semble que c'est un abîme dans lequel je me trouve comme noyée en l'amour divin. Le contentement de l'âme dans cet état est si parfait qu'il ne se peut expliquer... Oh le grand repos que c'est de se reposer tout proche de Dieu. Dans cet état, l'âme n'a plus rien à souhaiter qu'une chose, qui est d'être délivrée de son corps. »

« M'étant mise en la présence de Dieu, je sentis qu'Il attirait à soi toutes mes puissances, et que mon cœur était tout renouvelé et dans un grand épanouissement. En cet état, il me semblait que Dieu s'était écoulé en moi, qu'Il me faisait de grandes caresses, me disant que je ne me possédais plus et que je devais pourtant toujours craindre et m'efforcer continuellement de tendre et courir à Lui seul, me faisant entendre ces mots : « Ma fille, ma fille, si tu savais la douceur de mon amour ». Je concevais tant de chose dans ces paroles, et avec tant d'abondance, que c'était comme un flux et un reflux de bonté, de beauté, de grandeur, de richesse et d'amour de ce grand Dieu... Je ne voyais pas néanmoins mon amour, mais il me semblait que je le sentais, et que je l'entendais. »

« Quelquefois, dans mon oraison, je me sens attirée à Dieu par un plus doux recueillement, qui me semble n'être pas en terre, mais être tout en Dieu, et cette jouissance n'est point empêchée par quelque bruit que j'entende. Je n'ai point alors de distraction, toute mon occupation est d'envisager en général, l'amour et la grandeur de Dieu ; et, quoique je sente, en quelque manière, mon corps affaibli, je ne puis pourtant faire revenir mon esprit, il faut le laisser revenir peu à peu, comme d'un profond sommeil. »

Et dans un billet, sans s'adresser même à son directeur, elle reproduit uniquement les paroles que son âme adresse à Dieu :

« En même temps, mon Jésus, je me suis collée à vos pieds sacrés, sans autre vue, ni considération, ni pensée aucune, mais dans un grand repos où l'âme ne pense plus à rien. Je ne peux en trouver une meilleure comparaison que celle d'un petit enfant que la mère presse sur son sein, et l'enfant venant à s'endormir, jouirait d'un agréable repos, sans savoir d'où lui vient une si douce jouissance. »

De telles dispositions étaient aussi éloignées que possible du quiétisme d'une Madame Guyon, par exemple, car avec elles, grandissaient en l'âme de Marie Paret, son humilité, son esprit de détachement, son désir de la souffrance, pour tout dire, son amour de Dieu.

CHAPITRE XI

Humilité. Détachement du créé. Parfait abandon à Dieu.

Nous avons déjà vu qu'elle s'efforçait dans sa vie extérieure d'être la « petite des petites ». Mais cette réserve de l'extérieur n'était rien à côté de la pensée qu'elle avait de son néant, de son indignité. Les billets écrits à son confesseur sont pleins de ces cris d'humilité, jaillis du cœur, qui ne peuvent tromper.

Elle écrivait avec désolation, dans ses plus grandes souffrances, alors que ceux qui l'approchaient étaient en admiration devant sa fermeté, sa patience : « Il y a en moi une grande paresse et mon corps est si délicat qu'il ne peut rien souffrir. »

La vue de sa misère lui causait une peine indicible.

« Je me suis senti touchée d'un immense regret, avec abondance de larmes, écrit-elle, de ce que je cause à Dieu de si grands abaissements et des humiliations incompréhensibles, de venir loger dans le cœur d'une si misérable créature. »

Non seulement elle avait d'elle-même les sentiments d'anéantissement qui mettent la créature dans la Vérité, vis-à-vis de son Créateur, parce qu'elle voudrait « s'abîmer, se fondre devant Dieu, » mais ses légères imperfections lui apparaissaient dans une lumière grossissante et enlaidissante. Ses actes de vertu n'étaient à ses yeux qu'une pauvre paille écrasée sous la poutre de ses fautes.

« Je suis si attachée à mon propre sens, écrivait-elle, qu'il n'y a rien en moi qu'amour-propre et infidélité à Dieu, je ne souffre rien pour Dieu » — elle qui était accablée par tant de souffrances physiques et morales — « je ne fais point de pénitences » ; — elle dont les mortifications dépassaient la résistance humaine — « et je suis une grande pécheresse ». — Elle qui avait l'horreur des plus légères fautes vénielles — « J'appréhende et je frémis, quand je pense à ce que je suis, me voyant si misérable, si prête à me contenter et à me dorloter, que j'ai horreur de moi-même et voudrais m'ensevelir toute vive en la présence du Dieu tout d'amour. »

Son humilité était de trop bon aloi cependant, pour qu'elle tombât dans le découragement. Dans son plus grand anéantissement, elle pouvait dire encore :

« Soyez béni, mon Dieu, de ce que vous me faites connaître par là que je ne peux rien. »

Le détachement du créé grandit en elle en même temps que l'humilité.

Déjà à son premier directeur elle écrit :

« Tout m'est indifférent, parents (1), monde, richesse, pauvreté honneurs, mépris, et la mort et la vie, et je ne veux aimer que la croix. »

« Ne désirant que le bon plaisir de Dieu, à présent, il ne me donne plus de désirs, ni d'affections particulières. Tout cela m'est ôté, me trouvant seulement dans une continuelle tendance à ce cher objet, qui me tient

(1) Cette indifférence ne signifie pas insensibilité, car elle aimait tendrement ses parents.

si abstraite, que tout autre chose que Lui, dans mon esprit, m'est un cruel supplice. »

Dieu Lui-même, nous dit-elle, lui révélait dans l'oraison le néant de ce qui passe.

« Me faisant voir que toute grandeur, toute richesse, toute bonté et toute beauté, que tous les délices et tous les plaisirs, et tout ce qu'il y a de plus charmant en la vie, quand même on en pourrait jouir sans mélange d'amertumes qu'ils traînent pourtant ordinairement avec eux, que tout cela n'est rien et doit passer pour rien, et l'esprit sent de la peine à en parler, au prix d'un moment des caresses de Dieu, lorsqu'il tient l'âme dans cette séparation de tout le créé, et qu'elle prend l'essor, pour aller à son centre qui est Dieu. »

Et les mêmes pensées reviennent perpétuellement.

« L'âme n'a plus qu'un désir qui est d'être délivrée de son corps, pour mieux aimer à son aise Celui qui seul la peut contenter, et que, hors de Lui, tout lui est un cruel martyre. »

« Je me trouve séparée de tout ce qui est créé, je ne soupire qu'après Dieu. »

Et ce n'est plus seulement le détachement du créé, mais la souffrance d'être encore dans le créé.

« Alors, je me dégoûte de tout ce qu'il y a au monde... je ne voudrais penser à autre chose qu'à Dieu, et c'est un grand tourment pour moi, de penser même aux nécessités de la vie. En un mot, je languis de ne pas mourir. »

« Ne soupirant qu'après Dieu, » elle devait avoir nécessairement le désir de conformer en toutes choses sa volonté à celle de Dieu.

Sans se fier à ses propres inspirations, elle cherchait à connaître cette volonté par la voix de son directeur ; et elle lui obéissait parfaitement, lors même qu'il réprimait ses intenses désirs de mortification, de dévouement au prochain, ou qu'il lui ordonnait de maintenir ses exercices religieux, en dépit de ses angoisse.

Elle pouvait écrire, en toute sincérité : « Ordonnez-moi tout ce que vous voudrez, car je veux obéir ». Mais seuls, les vœux pouvaient satisfaire son désir de fixer sa volonté en Dieu. Aussi demanda-t-elle de bonne heure à son directeur l'autorisation de prononcer les trois vœux de religion auxquels elle voulait ajouter aussi le vœu du plus parfait.

Le directeur refusa d'abord ; puis il lui permit de prononcer les vœux simples. Le P. Guillouzou nous donne le texte même de ce « contrat », qu'elle avait écrit et signé de sa main.

« Qui a Dieu a tout »

« Au nom de la Très Sainte Trinité, Père et Fils et Saint Esprit ».

« Mon Dieu, dans le désir qu'Il vous a plu de m'inspirer de vous aimer, de vous servir plus parfaitement qu'il me serait possible, avec le secours de votre grâce, moi, sœur Marie Paret, votre indigne servante, promets de faire tout ce que je connaîtrai être le plus parfait et le plus agréable à votre divine majesté, et, désirant suivre les conseils de votre évangile, autant que je pourrai, avec l'assistance de votre même grâce, je fais pareillement vœu d'obéissance, pour n'avoir jamais d'autre volonté que la vôtre, et celle de mon supérieur, à qui je désire obéir pour l'amour de Vous. Je fais vœu de pauvreté, pour me dépouiller entièrement de la propriété de tout bien temporel, et je réitère et ratifie le vœu que j'avais fait de perpétuelle chasteté. »

« Au nom du Père et du Fils et du Saint-Esprit.

« Indigne sœur Marie Paret, du Tiers-Ordre de saint Dominique.

« Vive la croix ».

Et, de toutes ses forces, avec la plus grande fidélité, elle entre dans cet abandon que le P. Piny, dans un livre publié quelques années plus tard, intitulait : *Le plus parfait.*

« Mon Père », écrira-t-elle à son directeur le 5 Novembre 1670, dans une demande que j'ai faite à Dieu de vouloir me faire connaître sa sainte volonté, pour accomplir tous les desseins qu'Il a sur moi, de toute éternité, il m'a semblé qu'Il demandait de moi que je n'eusse aucun désir, aucune volonté, mais une entière dépendance et soumission à faire et accomplir en toutes choses ce qu'Il voudra disposer de moi, sans aucune vue, ni considération humaine, mais un entier abandon à son adorable conduite. O, que de torrents inondent l'âme, quand une fois elle n'a pas d'autre volonté que celle de Dieu ».

Mais quand l'âme n'a pas d'autre volonté que celle de Dieu, un désir monte infailliblement en elle, qui est celui de la souffrance, en conformité à la vie de Jésus sur terre et à sa mission rédemptrice.

« J'appelle la croix, je la désire ». Je me suis offerte pour la couronne d'épines disait, hier seulement, Madeleine Semer, après les grâces lumineuses et embrasantes de sa conversion (1).

Les âmes qui aiment Dieu en sont toutes là.

(1) Abbé Klein : *Madeleine Semer, convertie et mystique 1875-1921.*

CHAPITRE XII

Amour de la croix. — Peines intérieures

Le désir de la souffrance est en effet intense chez Marie Paret. Il est même la caractéristique la plus frappante de sa vie intérieure.

Les premiers billets écrits à ses directeurs débutent par la devise chère à Agnès de Langeac : « Qui a Dieu a tout. » Mais quand le détachement est complètement réalisé en son âme, elle commence le plus souvent par cette devise :

« Amor ✝ crucis ».

Elle semble ne plus vivre que d'amour de la croix. « Son plaisir, nous dit le P. Guillouzou, était d'entendre parler de la croix, ses soins de la conseiller et de la souhaiter à tout le monde, comme le plus riche trésor d'un chrétien. »

« Le plus grand malheur qui puisse arriver à une âme chrétienne, écrit-elle, est d'être sans croix et sans souffrances. Se peut-il faire qu'il y ait une personne au monde qui n'aime pas la croix ! Ah, que si nous l'aimions ardemment, que nous plairions à la sainte Vierge qui n'accepte pour ses filles que les amantes de la croix. Ce fut au pied de la croix de son Fils unique, Jésus-

Christ, sur le calvaire, qu'elle accepta le disciple bien aimé pour son fils adoptif. Demandons-lui que nous obtenions de ce divin Sauveur l'amour de la croix sans lequel nous ne pouvons lui plaire. »

Or, ce qu'elle appelait « croix » n'était pas en son esprit une vague souffrance, mais, comme elle le dit un jour à une religieuse, c'étaient les peines intérieures de l'esprit, les maladies du corps, les contrariétés de la vie humaine, la pauvreté, les grâces de mépris, et autres événements semblables. « Nos humeurs, passions, ne manquent jamais de nous fournir des croix sitôt que nous entreprenons de les modifier et de les vaincre. Aimons donc la croix toute notre vie ; aimons les personnes qui nous en donnent, elles ne sauraient nous donner rien de plus aimable, ni de plus précieux. »

A son directeur même, elle prêchait la croix, tant elle éprouvait le besoin d'en parler.

« Mon très honoré Père en Jésus-Christ, l'amour de la croix puisse déchirer et briser votre cœur. Que je me réjouirais si je vous voyais cramponné sur la croix. Que la croix vous accompagne partout ! Fussiez-vous tout chargé de croix ! que votre corps et votre cœur fussent brûlés à petit feu, à force d'aimer la croix ! Que vous n'ayez jamais de désir que de rechercher la croix ! Que vos mouvements les plus délicieux soient d'embrasser la croix ! Que la croix soit tout votre amour et votre cher trésor ! Riez en regardant la croix ; tremblez quand vous serez sans croix ! »

Souvent, elle était ravie hors d'elle-même, quand on parlait de croix devant elle, ou même quand elle en parlait elle-même. Le P. Guillouzou cite, avec son propre témoignage, le témoignage de religieux capucins qui virent ainsi son visage resplendir d'une lumière brillante, alors qu'ayant perdu la parole et l'usage des ses sens, elle restait aussi immobile qu'une statue.

Mais si elle prêche l'amour de la croix dans ses lettres et dans ses conversations, elle l'applique plus encore dans sa vie.

Selon le mot d'une religieuse qui s'étonnait de sa capacité de souffrance, elle était « une gourmande de croix » ; et cela, non seulement quand elle en était privée, — car en fût-elle jamais privée ! — mais lors même qu'elle en était abreuvée.

Au temps de la première incision qu'elle subit dans le nez, elle écrit à son directeur :

« Je ne me souviens pas d'avoir jamais appréhendé qu'on me pansât, mais je sentais plutôt une sorte de joie intérieure quand je voyais que ce que je souffrais n'était rien en comparaison de ce que mon Bien-Aimé a souffert pour moi. La pensée me vient souvent dans l'esprit de bénir Dieu de la patience qu'Il me donne dans ces souffrances. Quand j'y pense, j'en conçois une joie un peu extraordinaire et je n'ose quelquefois m'y arrêter, craignant que ce ne soit pas bien fait, encore que je n'y sente aucune vanité et que, par la grâce de Dieu, j'y renonce. »

Comme les âmes qui se sont élevées, selon le mot de Sainte-Catherine, « jusqu'à la plaie du cœur de Jésus, après avoir passé par l'escabeau de ses pieds », elle souffre surtout de ne pas souffrir. A la manière dont les âmes de vertu moyenne supplient Dieu d'éloigner d'elles le calice des peines, elle supplie Dieu de lui préparer le calice d'amertume.

« Je disais à Dieu que je ne le laisserais jamais en patience, s'il ne m'attachait entièrement à la croix. » Ou encore : « Je sentais de grands désirs de souffrir et je croyais que je devais me déchirer à grands coups de discipline. »

Comme son modèle, sainte Catherine de Sienne, elle

préférait de beaucoup une couronne d'épines à une couronne de roses. Un jour, c'est la vision, non pas de deux couronnes, mais de deux chemins qui lui apparaît : un chemin agréable et fleuri ; un chemin raboteux qui cotoie les abîmes. « Au fond de moi je chérissais le plus rude et le plus dangereux et, dans cette vue, j'ai dû sentir et entendre tout à la fois mon Amour qui me disait d'une voix forte : « Ma fille, c'est ici que tu me trouveras, c'est un chemin assuré où je me trouve toujours. »

Une autre fois, c'est la vision de deux personnes destinées au bonheur éternel ; l'une portant une croix légère et courte, l'autre une croix lourde et pesante. Elle s'offre pour la seconde croix, et, revenue de la vision toute pleine de consolation, elle s'écrie : « O croix tout aimable, croix divine, amour de la croix, vive la croix ! »

Le 2 juillet 1672, jour de la Visitation, jour des visites de Dieu, elle voit l'Enfant-Jésus qui veut lui appliquer sur la poitrine une croix trop légère, elle s'en plaint, et l'appréhension de se voir privée de croix lui cause pendant quelques jours de grandes peines.

Un peu plus tard, Jésus la met dans un état de repos et lui demande si elle préfère cet état à celui de souffrance, elle Lui demande la grâce de n'être jamais sans croix.

Dans son ardeur d'amour, elle aspire sans doute à la mort qui lui permettra de jouir enfin parfaitement de la présence de son Dieu ; mais ce n'est point lassitude, ou peur de la souffrance ; ce qu'elle désire, c'est « mourir pour aimer, et non point mourir pour ne pas souffrir. »

Quand son cœur est trop gonflé de l'amour de Dieu, elle a encore ces mots que, seuls, peuvent trouver ceux qui marchent avec Jésus sur le chemin du calvaire :

« Oh que le cœur de la créature est petit ! Dilatez-le,

mon Dieu, par la douceur de l'amour de la croix ». Ou encore : « Vivre sans croix, c'est vivre sans amour ! ».

« Le pur amour est dans la pure souffrance ».

Et dépassant le célèbre « Ou souffrir, ou mourir », elle s'écrie : « O mourir de ne pas souffrir ! »

Sa prière, sa contemplation, tournent de plus en plus autour de ce désir intense : souffrir pour prouver son amour. Chaque visite de Dieu en son âme est suivie d'un désir plus ardent de souffrir.

« Dieu qui inspire les saints désirs, et ne les suscite jamais dans un cœur sans les satisfaire » (1) lui donnait avec abondance les croix qu'elle réclamait. Elle avait demandé à Dieu de la rendre participante à son agonie, au Jardin des Oliviers, par quelque douleur qui ne serait connue que de Lui seul, et Dieu lui envoya ces peines intérieures accablantes que les auteurs mystiques appellent les purifications passives de l'esprit.

A peine s'était-elle donnée pleinement à Dieu, d'ailleurs, qu'elle connut la privation de ses consolations, elle éprouva les absences et les abandons de Dieu. Les ténèbres tombaient parfois si épaisses, sur son âme, qu'elle ne pouvait plus parler à Dieu dans l'oraison. De véritables tentations de désespoir, que seul apaisait son recours à Marie, la poussaient à se jeter par la fenêtre. Des tentations contre la pureté remplissaient son imagination.

Ces peines intérieures durèrent 9 à 10 ans, interrompues seulement par les courtes trêves où elle sent son âme plus attachée à Dieu, et toute brûlante d'amour pour Lui

Les billets où elle signale les consolations de Dieu, sont plus nombreux, sans doute, que ceux où elle analyse les désolations. Rien d'étonnant à cela ; l'âme dila-

(1) Sainte Catherine de Sienne, *Dialogue de la Perfection.*

tée par la joie, parle d'abondance du cœur ; l'âme contractée par la souffrance n'a pas toujours la possibilité d'alléger sa peine en l'exprimant. Si elle l'exprime, c'est que la peine est moins écrasante, les ténèbres moins épaisses. Aussi ne sommes-nous renseignés que sur la souffrance atténuée de Marie Paret.

Et voici cette souffrance atténuée :

« Quand l'heure de mon oraison est venue, je me mets en la présence de Dieu, et c'est tout. Tout me fait peine, et je ne puis pas même faire une élévation d'esprit, il me semble pour lors que je ne suis pleine que de chagrin ; mais, par la grâce de Dieu, j'embrasse doucement ces peines ».

« Je me trouve dans un état d'angoisse, d'obscurité, d'abandon et de désolation si grand, que je ne sais plus où faire reposer ce pauvre esprit, tant il est accablé. O Dieu, où se consolera cette pauvre âme ? Il lui semble que le ciel ne veut plus l'écouter. La terre lui est à dégoût. Si elle rentre en elle-même, elle ne voit que désordre et ne fait que se haïr ».

Fait-elle quelque effort pour s'élever à Dieu, cet époux se montre à elle, « tout couvert de plaies, les yeux abattus, comme s'il n'eût pu les lever et lui faire connaître intérieurement qu'Il voulait qu'elle devînt ce qu'Il lui paraissait alors ».

De même qu'elle avait été, par la communion, attirée aux douceurs de l'amour de Dieu, c'est par la communion aussi que l'amertume tombe plus dense sur son âme. Elle se voyait si indigne de s'approcher d'un tel sacrement ! Seul le commandement de son directeur, pouvait obtenir d'elle qu'elle vainquît sa terreur du sacrilège.

« Mon Seigneur et mon Dieu, gémit-elle, vous savez bien que l'obéissance a conduit mon corps à l'Eglise. L'esprit était dans un tel état que je ne puis le dire, sinon que Vous, ô abîme d'amour, m'avez ôté toute connaissance et toute liberté de penser à votre amour infini, non pas même à une action si relevée que celle que je viens de faire pour obéir (elle parle de la communion). Toutes les fois que je voulais faire effort pour y penser, les yeux de mon âme se trouvaient dans un entier aveuglement ».

« O mon Dieu, ce m'aurait été une sanglante mortification (la communion), si vous-même qui vous cachiez de moi, ne m'aviez fortifiée par votre grâce. Vous êtes tellement caché de moi, qu'il me semblait que vous n'étiez plus pour moi, car, ô Sagesse éternelle, vous m'aviez tout à fait soustrait votre présence. Je me suis sentie comme une personne, à qui, Vous, ô l'Amour du monde, auriez arraché le cœur. Elle se trouvait sans cœur, et moi, sans Vous ».

Des lumières passent sur son âme, cependant, qui lui donnent de nouvelles forces pour souffrir. Son effort puissant d'obéissance dans les ténèbres recevait quelquefois une récompense immédiate.

Au temps où elle désirait le plus se tenir éloignée de la communion, à cause de « son indignité » et que son confesseur lui avait ordonné de communier deux jours de suite, elle a, dès la première de ces communions, un violent désir de la seconde. La nuit lui semble interminable. « A la messe, Notre-Seigneur lui dit comme il aimait qu'elle le reçoive avec confiance. A la communion, il lui semble que Jésus-Christ descendait visiblement du ciel pour se donner à elle, sans qu'elle le reçut de la main du prêtre, et elle resta tout absorbée en Dieu le reste du jour avec un avant-goût de la douceur du paradis » (1). Elle dit à son confesseur que ce qu'elle

(1) Guillouzou. Op. cit.

ressentait était « ineffable », qu'elle n'avait « pas de terme pour en parler ».

« Ma fille », lui dit un jour Jésus, « que tu as besoin de force dans l'état où je t'ai mise ; mais, bon courage, je serai toujours auprès de toi, dans toutes tes peines et souffrances, comme je te l'ai souvent promis, mais tu n'es pas encore à la fin de tes peines. »

Une autre fois, c'est par une vision imaginative que Dieu, qui veut accroître sa peine, renforce son désir de souffrance.

« Mon Père, après mon action de grâces j'ai dit : « Mon Dieu, que voulez-vous que je fasse afin que je vous aime ». Il me fut répondu : « Ma fille, si tu m'aimes, tu aimeras ma croix. » Il me sembla que mon Époux m'en présentait une grande qu'Il me posa sur le cœur et je me sentis si oppressée que j'avais peine à respirer. L'abord de cette croix me fit appréhender et dire ces paroles : « Mon Dieu, je n'en peux plus. Déchargez-moi de ce fardeau si rude, que ferai-je ? » Il me sembla aussitôt voir une grande procession. Notre Sauveur marchait le premier, chargé de sa croix, un nombre infini de saints venaient après Lui, portant aussi chacun la sienne, j'appris qu'ils étaient tous arrivés à une même fin par ces différentes voies. Il me sembla ensuite que cet époux d'amour attirait mon esprit jusque dans le ciel et qu'Il me faisait voir ces âmes bienheureuse, toujours remplies de son divin amour, lesquelles ne se souvenaient plus de leurs tourments ni de leur croix passée. Et il me fut dit que toute ma joie devait être en la croix. »

Et une autre fois, toujours après la communion d'obéissance :

« Il m'a dit, en me voyant si désolée : « Est-ce que la souffrance te fait frayeur. Si à présent je t'ai ôté la vie de lumière et de contemplation, c'est pour te mettre dans celle de l'humiliation et des souffrances, tu ne te lèveras pas du lit de la croix, tu y dormiras avec moi. Courage, courage, ma fille, car il te faut souffrir. » Ce divin amour me parlait ainsi, voyant la grande désolation dont mon cœur était assailli et qui accablait mon pauvre esprit à la vue de tant de croix. »

Mais la lueur sur les ténèbres était généralement très courte.

« O mon Tout, vous m'avez donné un petit moment de lueur, et aussitôt je suis retombée dans mon premier état d'amertume et de désolation. O mon Dieu, soyez ma force. »

Elle se consolait alors, cette âme vraiment belle, en sortant de sa souffrance personnelle pour témoigner sa joie « de savoir que tant de bonnes âmes reçoivent dans la communion ce Dieu d'amour, avec tant d'amour et de contentement ». « J'en aurais voulu voir de grandes troupes s'approchant de ce grand banquet. O mon Jésus, que ces âmes sont heureuses de vous y recevoir. »

Quand la souffrance était plus écrasante encore, elle restait anéantie dans l'obéissance la plus abandonnée ; sa seule crainte était de manquer à la volonté de Dieu, cette Volonté qui broyait son âme, mais qu'elle savait miséricordieuse, et dont elle adorait la justice. Et la prière de soumission montait ardente de son âme.

« Je reconnais, mon Dieu, que cela est toujours juste et que cette rigueur m'est un effet de votre miséricorde ordinaire. Je suis contente, pourvu que je ne Vous offense pas. Il y a longtemps que je Vous ai toujours dit que si je voyais d'un côté l'occasion du moindre péché, et de l'autre, l'enfer ouvert, je me jetterais de tout cœur et à corps perdu dedans. Je vous reçois dans la sainte communion par obéissance ; j'y trouverai de nouvelles forces pour souffrir, et non pour y goûter des douceurs sensibles. Mon Jésus, vous me tenez de trop près, pour me laisser dans la moindre liberté de rechercher ces goûts. Vous me tenez comme dans une mort continuelle. Vous tenez mon esprit dans la captivité, sans vouloir, ce semble, qu'il demande à se soulager. O mon unique bien, je vous chercherai toujours dans la croix. O que vous êtes bon et que j'ai abusé de vos grâces. Soutenez-moi, mon Sauveur, Vous êtes mon appui et ma force. »

Dans cette grande soumission, la souffrance est vraiment la nourriture de son âme. Volontiers elle eût dit, comme cette « Consommata », dont le journal et les lettres ont été publiés récemment par le R. P. Plus (1) :

« Plus je souffre plus j'aime la souffrance et plus je la désire. » Ou encore : « la douleur m'enivre ».

La raison en est que son amour pour Dieu grandit dans son âme avec sa capacité de souffrance. Elle se console en aimant :

« O mon Tout, je me plains et me plaindrai à Vous-même, car je n'aime et n'aimerai que Vous ».

« Dans mes grandes tristesses, dit-elle, je loge comme je peux mon pauvre esprit dans l'abîme de cette mer immense du cœur de Dieu. Je vous appellerai toujours Amour, pour me dilater le cœur, je vous appelle de ce nom... O, si je vous aimais un petit moment avant que de mourir, ô que je serais contente ! »

(1) Consommata (1890-1918).

CHAPITRE XIII

Son amour de Dieu

Oui, son cœur est vraiment comme un brasier d'amour. Maintes fois, elle dit elle-même qu'elle est obligée de respirer fortement, « pour donner de l'air à ce méchant cœur » ; comme tous ceux qui aiment fortement, elle craint toujours de ne pas aimer assez et elle éprouve le besoin de communiquer à tous la joie d'aimer Dieu :

« Rendons à Dieu amour pour amour, aimons-le de tout notre cœur. Il ne nous l'a donné que pour cet usage. Quelle bonté que de permettre de l'aimer, et même de nous en faire le commandement, afin de rendre notre amour plus méritoire... Ah, que l'amour de Dieu est détachant de toutes choses. Une âme qui aime Dieu ne saurait plus rien aimer au monde. »

Et à un de ses premiers directeurs :

« Je ne saurais trouver de véritable joie qu'en Dieu... O qu'une âme est heureuse qui sait aimer Dieu. Il me semble que jamais je ne pourrai l'aimer autant que je le désire. Quand Dieu m'attire à Lui, par de fortes pensées d'être toute à Lui, je sens que mon intérieur est tout en feu... Il me semble que je ne vois rien, que je n'entends rien.

Pour lors, mon cœur se voudrait rompre et briser en pièces, afin d'avoir plus de liberté pour se porter à ce divin amour. »

Et un peu plus tard :

« Je vois en cet Amour, tant d'amour, tant de grandeur, tant de lumière, tant de douceur que je m'y perds et n'en puis rien dire. Aussi tout ce que l'on me saurait dire et faire entendre de ce divin amour, ne me semble rien, au prix de ce que je sens. »

« Permettez-moi, mon Père, de vous dire que l'amour est un feu qui dévore, qui brûle et consume tout, lorsqu'il trouve une âme disposée à recevoir ses divines opérations. C'est pour lors qu'il s'insinue et qu'il fait que cette âme ne se possède pas et qu'elle n'opère plus, mais qu'elle est toute liquéfiée dans la douceur de ce divin amour. Enfin, cet amour est un vin délicieux qui endort les âmes pour ne vivre plus de la vie des sens, mais de la vie de Dieu ; vie divine, vie toute surnaturelle. O mon Dieu, mon Dieu, que ma vie est languissante et misérable... Enfin, nos ferveurs ne sont que des langueurs... je souffre toujours de me voir si séparée de mon cher Époux ».

Ou bien :

« Ne respirons que pour le pur Amour. Aimons, aimons, sans discontinuer. Allons à l'Amour, aimons sans fin, faisons tout par amour. Aimons en mourant, vivons en aimant, aimons en souffrant ; aimons en tous événements. O Amour, vous avez des feux, vous avez des flammes. Rien plus que Vous, mon Jésus, ne sera mon amour. Consumez-nous et nous faites mourir dans un acte d'amour ».

Ne pouvait-elle pas écrire, en toute vérité :

« O mon Père, quand Dieu blesse une âme des traits de son amour, elle est comme enivrée, car elle ne sait plus ce qu'elle est, ni ce qu'est le monde, et tout ce qui n'est pas son Amour lui est un cruel martyre. Aimons toujours, aimons, sans relâche. »

A cette âme qui désirait aimer Dieu en toute vérité, il est donné de contempler le modèle du parfait amour de Dieu, un jour d'Assomption 1670. Elle écrit :

« Mon Père, je me suis sentie attirée de Dieu par un attrait qui m'a fait voir que la divine Marie était morte d'amour. Je me pris à considérer la plénitude d'amour qui la faisait sortir hors d'elle-même pour s'abîmer en Dieu, par un débordement de cette plénitude de l'amour divin qui fait d'elle, qu'elle est, ce semble, une même chose avec Dieu. »

Elevée dans son désir d'amour jusqu'à la contemplation de l'amour de la Très Sainte Vierge, elle semble avoir été élevée aussi jusqu'à la contemplation de la Sainte Trinité.

« L'Amour que le Père éternel se porte à soi-même s'est aussi présenté à mon esprit, lorsqu'il y découvrait d'une manière admirable que le Père ne dépend d'aucune autre puissance, et que, de la connaissance qu'Il a de ses perfections infinies, il engendre son Verbe ; et que le Père et le Fils, par une même aspiration et volonté produisent cet esprit d'amour. Il me semble que, dans ce retour que Dieu fait en soi-même, il poussait en dehors de soi un torrent d'amour et de grâces dont il inondait tant de belles âmes, parmi lesquelles il y en avait qui revenaient plus abondantes à mesure de leur plus grande charité et néanmoins que toutes étaient contentes d'aimer celui qui ne peut être parfaitement aimé que de soi-même. »

Un jour qu'elle priait dans l'église des Cordeliers (1), près de l'autel que surmontait un tableau représentant

(1) Aujourd'hui siège des archives départementales du Puy-de-Dôme.

la Sainte Trinité, elle est ravie en esprit : « Elle voit un globe de feu au milieu duquel les trois diverses personnes lui apparaissent dans leur essence, si clairement et si distinctement, qu'elle croyait les voir dans les communications ineffables du Père et du Fils, et du Fils et du Père, au Saint-Esprit, sans qu'elle pût néanmoins s'en expliquer autrement que par les termes d'un flux et d'un reflux perpétuel. »

Désormais, ajoute le P. Guilliouzou, « toutes les fois qu'elle repensait à ce mystère, elle souffrait de tressaillements extraordinaires qu'elle ne pouvait cacher ».

Elle adressait cependant à Dieu d'instantes prières pour être préservée de toute faveur extraordinaire, et ce fût sans doute, pour elle, une manière de consolation que d'être, dans les derniers mois de sa vie, maintenue dans son lit par la maladie, et un peu mieux soustraite ainsi aux regards des curieux.

CHAPITRE XIV

Les derniers jours de Marie Paret
Emotion de Clermont à sa mort

Toute la population de Clermont suivait avec anxiété les progrès et les arrêts de sa maladie. L'évêque de Clermont lui-même, dont la résidence n'était pas à Clermont cependant, mais à Billom, savait la maladie de la « Sainte de Clermont ». Il jugea qu'une vertu aussi remarquable méritait un traitement d'exception, et, par une mesure extraordinaire pour l'époque, il permit qu'on lui portât régulièrement la sainte Eucharistie.

« Nous, Gilbert de Veiny d'Arbouze, par la grâce de Dieu et du Saint-Siège apostolique évêque de Clermont, étant bien et dûment informé de la vertu et piété de Sœur Marie Paret, du Tiers-Ordre de saint Dominique, détenue au lit, malade depuis longtemps, en la ville de Clermont ; et, désirant seconder le grand désir qu'elle a de recevoir de temps en temps la sainte communion, comme elle avait accoutumé de faire fort souvent, quand elle était en santé, avons permis et permettons par ces présentes, aux prêtres qui célèbreront la sainte Messe dans la chapelle de la prison, qui joint la maison de ladite malade, de lui porter le Saint-Sacrement de ladite chapelle tous les dimanches et fêtes que le supérieur de notre séminaire et son directeur le jugeront à propos, à la réserve néanmoins des fêtes principales comme Noël, Pâques, Pentecôte, auxquels jours elle aura recours au vénérable curé de sa paroisse, pour que la sainte communion lui soit administrée ainsi qu'il avisera. Et ce, à condition que le tout se fera avec la décence requise, et pendant le temps de la maladie de ladite sœur, seulement. »

« Donné en notre ville de Billom, quatrième mars 1674.

GILBERT, évêque de Clermont.

En juin 1674 mourut la mère de Marie Paret. Elles avaient reçu ensemble l'Extrême-Onction.

Ainsi que nous l'avons déjà dit, Marie qui s'était offerte à Dieu pour souffrir toutes les peines dont sa mère serait redevable à la justice divine, lui survécut pendant un mois, malgré les prévisions des médecins, et cela avec un fort surcroît de douleurs.

Le 16 juillet 1674, son confesseur lui donna l'absolution générale du saint Rosaire, qu'elle avait souvent demandée pour l'heure de sa mort. Elle tient elle-même le cierge en sa main. Le Père commence les prières et les recommandations de l'âme, elle répond aux litanies des saints ; à l'invocation de saint Vincent, martyr, elle perd la parole, élève les yeux au ciel, la face enflammée et riante. Elle avait demandé à son confesseur de l'entretenir de la Croix à ses derniers moments, aussi lui dit-il : « C'est à ce coup, sœur Marie, qu'il faut monter au calvaire pour la dernière fois, du calvaire à la Croix et de la croix au ciel. »

Elle expire si doucement que son visage n'en est pas changé et qu'on passa une glace pour voir si elle était bien morte. Il est probable qu'on la revêtit alors du costume dominicain qu'elle avait tant aimé, qu'elle avait droit de porter à sa mort. Sans doute, en maintes circonstances, elle l'avait déjà porté pendant sa vie, car les différentes reproductions qu'on fit d'elle après sa mort pour satisfaire ceux qui la vénéraient, la représentent en ce costume : tunique blanche, retenue à la taille par une ceinture de cuir ; long scapulaire blanc, chape noire, voile blanc — les tertiaires n'ayant pas droit au voile noir des religieuses du grand ordre — crucifix et rosaire en mains. Sans doute aussi, selon la coutume des tertiaires, elle fut couronnée de fleurs et son cercueil fut orné de fleurs et d'herbes odoriférantes, symbole de la bonne odeur du Christ que le tertiaire, plus que tout autres chrétien, était appelé à répandre dans le monde (1).

« Il y eut grande presse pour la voir morte et obligation d'ouvrir les portes pour qu'elles ne soient pas enfoncées. La foule croissait à mesure que le bruit s'en répandait dedans et dehors la ville ; le concours fut si grand qu'à peine pouvait-on aborder la première porte de sa maison. Les peuples du voisinage y venaient avec le même empressement, se disant les uns les autres : « Allons voir la sainte qui est morte à Clermont. » La plupart de ceux qui pouvaient approcher de son corps lui baisaient les pieds et les mains, avec tant de dévotion, que, même les personnes qui avaient le plus de peine à voir les morts, regardaient et baisaient celui-ci sans répugnance.

« On permit même aux prisonniers de la voir et on les conduisit tous ensemble, sur les dix heures du soir, sur le même lieu, où, pendant ses dernières maladies,

(1) Cf. *Commentaire de la Règle du T.-O.*, par un religieux de Saint-Jacques, 1680.

on l'avait fait passer toutes les fois qu'on l'avait portée dans leur chapelle, pour y entendre la Sainte Messe et pour y faire la communion.

« Après qu'ils furent retirés, le reste de la nuit, elle fut encore visitée par plusieurs des principaux de la ville de l'un et de l'autre sexe, qui, négligeant leur repos pour avoir cette satisfaction, se servirent de ce temps auquel ils pouvaient la voir paisiblement, hors de la foule du monde.

« Le lendemain, la presse ayant recommencé dès le petit jour, on fut extrêmement en peine comment on pourrait transporter le corps hors de la maison pour faire l'enterrement. Chacun voulait avoir quelque chose qui lui eût appartenu ; les uns coupaient des morceaux de ses habits, les autres lui faisaient toucher leurs chapelets. On arracha même celui qu'elle avait entre les mains. Ce fut d'autant plus facile que ses mains et tout son corps étaient aussi flexibles que si elle eût été vivante. Et ceux qui pouvaient attraper quelque chose, se jetaient sur son lit et en prenaient même la paille.

« Le corps étant enfin porté dans la rue, l'affluence du peuple fut si grande qu'on aurait plutôt jugé que c'était une procession qu'un convoi. Les personnes qui voulaient garder plus de mesure à cause de leur caractère et de leurs dignités se mettaient aux fenêtres, jusque-là que les juges, cessant de rendre la justice pendant quelque temps, se mirent à celles du Palais, pour voir ce qui avait été jusqu'alors sans exemple dans la ville de Clermont.

« Quoique l'église de Saint-Dominique où l'on devait faire l'enterrement, fut une des plus grandes de la Province, elle se trouva néanmoins si pleine de monde, qu'à peine pût-on y entrer, et, n'ayant pas été possible de trouver place dans le chœur, pour y déposer le corps pendant l'office, on fut obligé de le mettre dans la sacristie, jusqu'à ce que, la messe étant commencée, on le portât dans le sanctuaire au pied de l'autel, où il demeura tout le temps du service (1), après lequel on eut encore plus de peine qu'auparavant à passer, pour le porter au lieu destiné pour la sépulture (2).

« L'estime que tout ce peuple témoignait ainsi pour cette sainte fille ne finit pas là. Sa mémoire ne passa point comme celle des gens du monde, laquelle, selon le langage du prophète couronné, s'évanouit avec le son des cloches. On la conserve encore avec tant de vénération qu'on vient de toutes parts visiter son tombeau et adresser des vœux et des prières à Dieu par son intercession. Les uns y accourent pour demander leurs nécessités avec d'autant plus de confiance qu'ils voient qu'un très grand nombre d'autres, de toutes conditions, y viennent pour accomplir leurs vœux et rendre grâces à Dieu des faveurs qu'ils ont reçues.

« Je pourrais en rapporter ici un assez grand nombre, comme autant d'effets miraculeux, si je ne voulais finir l'abrégé de cette vie, dans le même esprit que je l'ai commencé, en continuant à témoigner ma soumission et mon obéissance aux ordres de la Sainte Eglise qui ne veut point que l'on publie aucun miracle avant qu'il n'ait été auparavant reconnu et approuvé de l'autorité de nos Seigneurs les Evêques. La divine Providence les manifestera quand il lui plaira, par les voies qu'elle jugera convenable. Cependant, comme je puis dire que toute la vie de Marie Paret a été un continuel miracle par les héroïques vertus au-dessus de ses forces et des

(1) Enterrement de trois messes chantées d'ap. le livre de comptes du Couvent. Archives départementales du Puy-de-Dôme — Fonds Jacobins — H. 5 b.

(2) Chapelle Sainte Madeleine, à gauche du cœur. Cf. Audigier, *Histoire manuscrite de Clermont*.

voies communes de la nature, dans la pratique desquelles elle a constamment persévéré jusqu'à la fin, à la gloire de Dieu et à la sanctification des âmes, l'on ne saurait passer sous silence une chose que l'on sera bien aise d'apprendre, laquelle Monsieur Savignier (le pasteur de sa paroisse) dont nous avons déjà parlé, à pu remarquer, sans priver le public d'un si grand poids que l'est celui de ce grand homme.

« Voici ce qu'il dit en termes exprès, dans sa déclaration : « La veille de sa mort, m'étant couché le soir et étant encore tout éveillé, je vis paraître subitement dans ma chambre une clarté toute brillante, qui croissait toujours pendant quelque temps : ce qui me surprenant et me semblant quelque chose d'extraordinaire, je fus sur le point d'appeler du monde, lorsque cela commença à disparaître et s'évanouir. Le lendemain matin, ayant appris que cette vertueuse fille était morte, il me vint en pensée que ce pouvait être un avertissement du ciel, pour marquer que nous allions être privés, en notre paroisse, d'une véritable lumière, qui nous avait si bien éclairés par son éminente vertu et ses belles actions » (1).

Monsieur Savignier était un prêtre ; mais des laïques cultivés ne se montrent pas moins disposés à accepter les phénomènes surnaturels quand il s'agit de Marie Paret.

Pierre Durand, son contemporain, qui aimait passionnément les recherches historiques, nous dit, dans le manuscrit où il a été établi les filiations et les charges des principales familles clermontoises de son temps, à la page consacrée à la famille Pradettes, (origine maternelle de Marie Paret, tandis que les Paret étaient originaires de Gerzat) (2).

(1) Guillouzou, op. cit.

(2) Ce manuscrit dont copie est à Clermont, archives départementales, a été déposé à la Bibliothèque nationale.

« La seconde fille de Jean Paret, Marie, a mené une vie si sainte et si exemplaire par une infinité d'actions charitables, depuis sa plus tendre jeunesse jusqu'au mois de juillet de l'année dernière 1674, qu'elle est en odeur de sainteté, que les Pères dominicains, ses directeurs de conscience, et sous l'habit desquels elle militait, qu'ils appellent le petit habit, assurent que, par son intercession, un des leurs a recouvré l'ouïe du côté droit qu'il avait perdue, il y avait plus de dix ans ».

Le P. de la Sale, religieux du couvent de St-Jacques à Paris, écrit en 1680, dans son commentaire sur la règle du Tiers-Ordre qu'une infinité de miracles se faisaient chaque jour à son tombeau et « que ces miracles avaient souffert les examens et les procès-verbaux les plus rigoureux de l'ordinaire du lieu ».

Que ne disait-on point d'ailleurs, dans la ville de Clermont, sur les grâces extraordinaires dont Marie Paret avait été favorisée. Le P. Guillouzou a relevé parmi ces dires ceux dont le témoignage était le plus assuré.

Telle jeune fille qui désirait se faire carmélite avait reçu d'elle l'avis ferme de rester au service des pauvres, avec affirmation qu'elle ne serait jamais religieuse ; et la prédiction s'était réalisée, malgré les tentatives réitérées de la jeune fille pour vaincre, contre toute espérance, la résistance de ses parents — ce à quoi elle avait réussi — et pour lutter contre des empêchements imprévus qui eurent raison, eux, de sa ténacité.

Telle autre avait reçu d'elle la prédiction qu'elle prendrait l'habit du Tiers-Ordre de Saint Dominique, dans telles circonstances, et cela, malgré ses répugnances du moment. Et la prédiction s'était réalisée.

Elle avait dit avec assurance d'un bourgeois de Clermont frappé d'une attaque d'apoplexie : « Ne craignez pas, il en reviendra ; et, à la deuxième attaque : « Il n'y a pas de temps à perdre », envoyant en hâte, au malade son confesseur qui se trouvait près d'elle et qui eut juste le temps de faire les recommandations de l'âme.

Elle avait révélé l'état de plusieurs âmes détenues dans le Purgatoire.

Tout cela inspirait pour elle une très grande admiration. Où fut montée la vénération, si on avait su à quel point cette « fille du calvaire » avait porté « comme l'Apôtre en son corps et en son esprit la mortification de Jésus-Christ » (1) ; si on avait su, comme ses confesseurs, qu'elle avait été favorisée de visions, que Jésus, la Sainte Vierge, saint Dominique, sainte Catherine de Sienne lui apparaissaient ?

Une de ces visions, ignorée des contemporains, est particulièrement caractéristique de ses aspirations et nous donne en quelque sorte le sens de sa vie.

C'était le 4 août 1672. Elle était malade et ne pouvait célébrer, avec ses sœurs du Tiers-Ordre, son Père saint Dominique ; elle ne l'en invoquait qu'avec plus d'ardeur ; et, comme elle lui demandait de lui apprendre par quelle voie il était venu à une si grande sainteté, saint Dominique lui apparaît et lui dit : « Ma fille, pour t'apprendre ce que tu désires, sache que, dès l'heure que Dieu, par sa très grande miséricorde, voulut se découvrir à moi et m'appeler à son service, je me mis en devoir de lui obéir promptement et le plus parfaitement qu'il me fût possible ; et, commençant dès lors à l'aimer de tout mon cœur, je renonçai absolument à moi-même et à tout ce qui n'est pas Dieu, pour m'attacher uniquement à Lui. »

Saint Dominique lui apparaît alors dans l'état de gloire, et, dit le P. Guillouzou, qui avait reçu la confidence de la vision, « il lui découvre toutes les circonstances de sa vie, ses austérités, ses disciplines, ses

(1) Guillouzou, op. cit.

jeûnes continuels, sa parfaite mortification d'esprit, son zèle pour la gloire de Dieu, son travail infatigable contre les hérétiques, pour la conversion des pécheurs, sa compassion pour les misères humaines, le don d'oraison extraordinaire qui l'unissait complètement à Dieu, son humilité profonde. »

Marie Paret le supplia instamment d'intercéder auprès de Jésus-Christ pour lui obtenir la grâce d'imiter ses vertus, de participer à son zèle.

Mais déjà avant cette vision, avant cette prière, depuis l'heure où Dieu l'avait appelée à son service, dans l'église de Saint-Dominique, n'avait-elle pas été, comme elle le fut jusqu'à sa mort, la fille admirable de son bienheureux Père Dominique ? Comme lui, dès l'appel de Dieu, elle avait renoncé à tout ce qui n'était pas Dieu ; comme lui, elle avait réalisé la profonde union des vies d'action, de contemplation et de souffrance.

LANGRES. — IMPRIMERIE CHAMPENOISE.

LANGRES, IMPRIMERIE CHAMPENOISE

www.ingramcontent.com/pod-product-compliance
Ingram Content Group UK Ltd.
Pitfield, Milton Keynes, MK11 3LW, UK
UKHW020921180726
13838UKWH00002B/681

9 782329 357102